Physik

Lehrbuch für die Klasse 11
Sachsen-Anhalt

Herausgeber
Prof. Dr. habil. Lothar Meyer
Dr. Gerd-Dietrich Schmidt

PAETEC

Verlag für Bildungsmedien

Herausgeber
Prof. Dr. habil. Lothar Meyer
Dr. Gerd-Dietrich Schmidt

Autoren
Dr. Gerd-Dietrich Schmidt
Prof. Dr. habil. Lothar Meyer
Dr. Hans-Peter Pommeranz
Dr. Oliver Schwarz

Dieses Buch enthält Vorschläge und Anleitungen für Untersuchungen und Experimente. Vor jedem Experiment sind mögliche Gefahrenquellen zu besprechen. Die Gefahrenquellen sind in den experimentellen Aufgaben mit **„Vorsicht"** gekennzeichnet.
Experimente werden nur auf Anweisung des Lehrers durchgeführt. Solche mit Gefahrenquellen dürfen nur unter Aufsicht des Lehrers oder der Eltern durchgeführt werden. Beim Experimentieren sind die Richtlinien zur Sicherheit im naturwissenschaftlichen Unterricht einzuhalten.

1. Auflage
1 $^{5\ 4\ 3\ 2}$ | 2004 2003 2002 2001
Alle Drucke dieser Auflage können im Unterricht nebeneinander benutzt werden.
Die letzte Zahl bezeichnet das Jahr dieses Druckes.

© 2000$^{R,\ €}$ paetec Gesellschaft für Bildung und Technik mbH, Berlin
Internet: www.paetec.de

Redaktion: Prof. Dr. habil. Lothar Meyer
Umschlaggestaltung: Claudia Wunderlich, Britta Scharffenberg
Layout: Dr. Zlatko Enev, Nina Gröters
Herstellung und Zeichnungen: Dr. Zlatko Enev, Nina Gröters, Gabriele Lattke
Druck: Druckerei zu Altenburg GmbH

ISBN 3-89517-771-7

Inhaltsverzeichnis

Bildquellenverzeichnis

TEMPERATURSTRAHLUNG

Die Sonne ist die wichtigste Energiequelle für uns. Sonnenstrahlung ist entscheidende Voraussetzung für die Entstehung und Entwicklung von Leben auf unserem Planeten.

Die Erde nimmt aber nicht nur Energie von
der Sonne auf. Sie strahlt auch Energie an ihre
Umgebung ab und befindet sich insgesamt in
einem thermodynamischen Gleichgewicht.

Allerdings gibt es eine Reihe von Anzeichen dafür, dass dieses Gleichgewicht durch den Menschen
selbst gestört wird. Stichworte dafür sind das Ozon-
loch und der zusätzliche Treibhauseffekt.

Um die aktuelle Situation und künftige Entwicklun-
gen bewerten und beeinflussen zu können, ist fundier-
tes Wissen über den globalen Energiehaushalt, die
Strahlungsgesetze und aktuelle Einflussfaktoren auf Klima und Umwelt erforderlich.

Temperaturstrahlung

Ändert sich unser Klima?

Gletscher schmelzen, der Meeresspiegel steigt, Wüstengebiete breiten sich aus, …
Mit diesen Visionen werden mögliche Klimaveränderungen durch die vom Menschen verursachten Treibhausgase beschrieben. Als Beleg wird die globale Temperaturerhöhung der letzten Jahrzehnte um ca. 0,5 K angeführt.

Was bewirkt der natürliche Treibhauseffekt?
Wie wird er durch den Menschen beeinflusst?
Durch welche Maßnahmen kann einem zusätzlichen Treibhauseffekt entgegengewirkt werden?

Energie von der Sonne

Der wachsende Energiebedarf der Menschheit erfordert die verstärkte Nutzung regenerativer Energiequellen. Die Temperaturstrahlung der Sonne stellt ein nahezu unerschöpfliches Reservoir dar. Technische Nutzungen erfolgen über Sonnenkollektoren und Solarzellen.

Welche Vor- und Nachteile hat die Nutzung der Sonnenenergie?
Warum ist der Wirkungsgrad von Solaranlagen relativ klein?
Welche Perspektiven hat die großtechnische Nutzung der Sonnenenergie?

Auch Lebewesen strahlen

Thermografie und Infrarotfotografie sind Möglichkeiten, die von Körpern ausgesandte Temperaturstrahlung sichtbar zu machen. Bei der Abbildung bedeuten unterschiedliche Farben unterschiedliche Temperaturen. In der Medizin wird die Thermografie zu Diagnosezwecken und im Bauwesen zur Prüfung der Wärmedämmung eingesetzt.

Wovon hängt die von einem Körper ausgehende Temperaturstrahlung ab?
Wie kann die für Menschen unsichtbare Strahlung sichtbar gemacht werden?

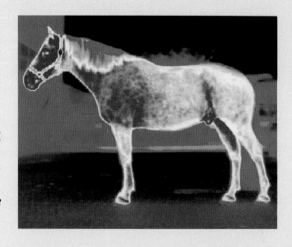

Grundlagen

Das Wesen der Temperaturstrahlung

Körper mit einer höheren Temperatur als ihre Umgebung können ihre Energie auf verschiedene Weise abgeben:
– durch Wärmeleitung (Abb. 1)
– durch Wärmeströmung (Konvektion, Abb. 2)
– durch Wärmestrahlung (Abb. 3).

Wärmestrahlung ist elektromagnetische Strahlung in einem Wellenlängenbereich, den wir mit unseren Augen nicht sehen können. Wir spüren aber dieses infrarote Licht mit speziellen Wärmesensoren.

Körper geben aufgrund ihrer Temperatur auch elektromagnetische Strahlung in anderen Wellenlängenbereichen ab. So strahlt z. B. die Sonne neben dem infraroten Licht auch sichtbares und ultraviolettes Licht aus. Entsprechendes gilt für andere Körper, die Strahlung abgeben (Abb. 4).

3 Bei der Wärmestrahlung gelangt Wärme durch elektromagnetische Wellen von einer Strahlungsquelle zu anderen Körpern. Wärmestrahlung breitet sich in Stoffen und auch im Vakuum aus.

Die von einem Körper abgegebene elektromagnetische Strahlung hängt unmittelbar von seiner Temperatur ab. Man spricht deshalb in der Physik auch von der **Temperaturstrahlung** eines Körpers.

> Unter Temperaturstrahlung versteht man die elektromagnetische Strahlung, die ein Körper aufgrund seiner Temperatur an seine Umgebung abgibt.

Entsprechend ihrer Wahrnehmung durch den Menschen und ihrer Wirkung auf ihn unterscheidet man meist zwischen dem infraroten, dem sichtbaren und dem ultravioletten Licht (s. Übersicht S. 8 oben). Dabei ist zu beachten, dass die Wellenlängenbereiche in der Literatur teilweise unterschiedlich angegeben werden.

1 Bei der Wärmeleitung wird Wärme durch einen Körper hindurch geleitet und damit übertragen.

2 Bei der Wärmeströmung wird Wärme durch strömende Gase oder Flüssigkeiten transportiert.

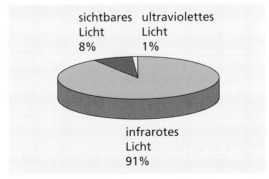

sichtbares Licht 8%

ultraviolettes Licht 1%

infrarotes Licht 91%

4 Spektrale Zusammensetzung der Temperaturstrahlung einer Glühlampe

Hauptbereiche der Temperaturstrahlung	Wellenlänge in m	Frequenz in Hz
infrarotes Licht	$3 \cdot 10^{-5} - 7{,}8 \cdot 10^{-7}$	$10^{13} - 3{,}8 \cdot 10^{14}$
sichtbares Licht	$7{,}8 \cdot 10^{-7} - 3{,}9 \cdot 10^{-7}$	$3{,}8 \cdot 10^{14} - 7{,}7 \cdot 10^{14}$
ultraviolettes Licht	$3{,}9 \cdot 10^{-7} - 10^{-8}$	$7{,}7 \cdot 10^{14} - 3 \cdot 10^{16}$

1　Wellenlängen und Frequenzen für wichtige Bereiche der Temperaturstrahlung

Als Maß für die Stärke der Temperaturstrahlung wird entweder ihre **Leistung** P in Watt oder ihre **Intensität** I als Leistung, die auf einen Quadratmeter trifft, angegeben.

Eigenschaften von Temperaturstrahlung

Temperaturstrahlung besitzt wie jede andere Strahlung Energie. Sie breitet sich als elektromagnetische Strahlung geradlinig und mit Lichtgeschwindigkeit aus.
Trifft Temperaturstrahlung auf Körper, so wird ein Teil der Strahlung an der Oberfläche reflektiert (Abb. 2). Ein anderer Teil dringt in den Körper ein und wird dort absorbiert. Das führt aufgrund des Energieerhaltungssatzes zu einer Erwärmung des Körpers.
Ist ein Körper hinreichend dünn, so kann ein Teil der Strahlung den Körper durchdringen. Das ist bei sichtbarem Licht an vielen Stellen zu beobachten.
Wie viel Strahlung von einem Körper reflektiert, absorbiert oder hindurchgelassen wird, hängt ab
– von dem Stoff, aus dem der Körper besteht,
– von seiner Oberflächenbeschaffenheit,
– von seiner Dicke,
– vom Einfallswinkel der Strahlung.
Zur genaueren Beschreibung der einzelnen Anteile nutzt man folgende physikalischen Größen:

Reflexionsgrad r

$$r = \frac{\text{reflektierte Strahlungsintensität } I_r}{\text{auftreffende Strahlungsintensität } I}$$

Absorptionsgrad a

$$a = \frac{\text{absorbierte Strahlungsintensität } I_a}{\text{auftreffende Strahlungsintensität } I}$$

Durchlässigkeit (Transmissionsgrad) d

$$d = \frac{\text{durchkommende Strahlungsintensität } I_d}{\text{auftreffende Strahlungsintensität } I}$$

Nach dem Energieerhaltungssatz gilt für diese Größen die Beziehung:
$$r + a + d = 1$$
Absorptionsgrad und Transmissionsgrad hängen von der Art und der Dicke des betreffenden Körpers ab. Je dicker die Schicht ist, umso mehr Strahlung wird absorbiert und umso weniger kann durchgehen.

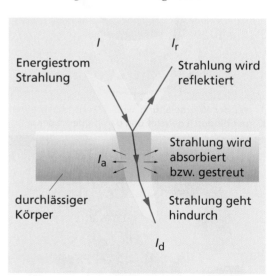

2　Temperaturstrahlung wird von einem Körper teils reflektiert, teils absorbiert und teils hindurchgelassen. Für die Intensität der Strahlung gilt:
$$I = I_r + I_a + I_d$$

Die Energiebilanz der Erde

Die von der Sonne kommende Temperaturstrahlung trifft zunächst auf die Lufthülle der Erde, die **Atmosphäre** (Abb. 1). Sie umgibt die Erde wie eine Art Schutzhülle und ist für einen außerirdischen Beobachter nur als eine sehr dünne Schicht wahrnehmbar (Abb. S. 6 oben).

An der Erdoberfläche herrscht ein normaler Luftdruck von 101,325 kPa, der nur in geringen Grenzen schwankt. Die Zusammensetzung der Luft an der Erdoberfläche zeigt Tabelle 2. Neben den dort genannten Gasen enthält Luft außerdem orts- und höhenabhängig wechselnde Mengen an Ozon, Stickoxiden, Methan, Abgasen sowie Staub und Schwebestoffen. **Klimawirksame Gase** sind vor allem Kohlenstoffdioxid, Methan, FCKW und Ozon.

Mit der Höhe über der Erdoberfläche ändern sich Luftdruck, Temperatur und Zusammensetzung der Atmosphäre.

So beträgt der Luftdruck in 10 000 m Höhe nur noch etwa 29 kPa. Er nimmt mit zunehmender Höhe exponentiell ab.

Stoff	chemisches Symbol	Volumenanteil in %
Stickstoff	N_2	78,084
Sauerstoff	O_2	20,946
Argon	Ar	0,934
Kohlenstoffdioxid	CO_2	0,032 4
Neon	Ne	0,002 8
Helium	He	0,000 5
Krypton	Kr	0,000 1
Xenon	Xe	0,000 008 7
Wasserstoff	H_2	0,000 06

2 Zusammensetzung trockener Luft an der Erdoberfläche (Durchschnittswerte)

Die Temperatur verringert sich zunächst mit zunehmender Höhe, steigt dann aber wieder an (Abb. 1). Die Zusammensetzung der Luft in unterschiedlicher Höhe ist dadurch gekennzeichnet, dass charakteristische Schichten mit speziellen Eigenschaften auftreten. So ist z. B. Ozon verstärkt in 20 km bis 50 km Höhe zu finden. Elektrisch leitende Schichten, die hertzsche Wellen reflektieren, befinden sich in Höhen von 100 km bis 400 km. Allgemein unterscheidet man zwischen der **Troposphäre** bis etwa 15 km, der **Stratosphäre** (bis etwa 50 km) und der darüber liegenden **Ionosphäre** (Abb. 1).

Entscheidend für die Energiebilanz der Erde und für die Temperaturverhältnisse in verschiedenen Schichten der Atmosphäre sind die Wechselwirkungen zwischen der Strahlung der Sonne und Bestandteilen der Atmosphäre bzw. der Erdoberfläche. Die Strahlung der Sonne wird teilweise reflektiert und teilweise absorbiert. Zugleich geht auch von der Erde Strahlung aus (Abb. 1, S. 10).

Betrachtet man die gesamte von der Erde einschließlich ihrer Atmosphäre aufgenommene und die von ihr abgegebene Energie, so ergibt sich als **Energiebilanz für die Erde** (Abb. 2, S. 10):

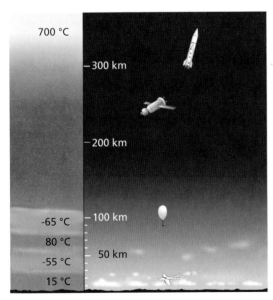

700 °C

−300 km

−200 km

−65 °C · −100 km

80 °C

−55 °C · −50 km

15 °C

1 Aufbau der Erdatmosphäre mit dem Temperaturverlauf

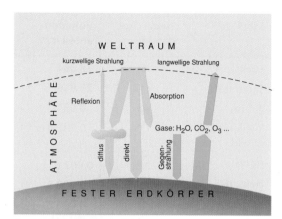

1   Die Temperaturstrahlung der Sonne wird von der Erde teilweise reflektiert und teilweise absorbiert. Zugleich gibt die Erde auch Energie in Form von Strahlung ab.

Die von der Erde aufgenommene Sonnenenergie ist im Mittel genau so groß wie die insgesamt von der Erde an ihre Umgebung abgegebene Energie.

Die Erde befindet sich somit in einem **thermodynamischen Gleichgewicht**. Wäre das nicht der Fall, so würde sich die Erde entweder erwärmen oder abkühlen. In beiden Fällen wäre die Existenz von Leben auf ihr gefährdet oder nicht möglich.
Ein solches thermodynamische Gleichgewicht gibt es nicht nur bei der Erde, sondern auch bei vielen Körpern unserer Umgebung.

So heizt sich z. B. ein in der Sonne abgestelltes Auto zunächst auf. Es erreicht aber trotz ständiger Sonneneinstrahlung nicht eine beliebig hohe Temperatur. Vielmehr gilt: Je mehr es sich erwärmt, desto mehr Energie gibt es an seine Umgebung ab. Es stellt sich schließlich ein thermodynamisches Gleichgewicht ein.

Ein Körper befindet sich im thermodynamischen Gleichgewicht, wenn die Summe der aufgenommenen Energie gleich der Summe der abgegebenen Energie ist.

Erfolgt der Energieaustausch zwischen einem Körper und seiner Umgebung nur über Temperaturstrahlung, so spricht man auch vom **Strahlungsgleichgewicht**.
Im Fall der Erde beträgt die von der Sonne kommende und in jeder Sekunde senkrecht auf eine Fläche von $1\,m^2$ treffende Strahlungsenergie 1 360 Ws. Diese Größe wird als **Solarkonstante** bezeichnet (Abb. 1, S. 11).

Die Solarkonstante gibt an, welche Energie der Sonne in Form von Strahlung in jeder Sekunde senkrecht auf eine Fläche von $1\,m^2$ trifft. Ihr Wert beträgt für die Erde:

$$S = 1{,}36 \ kW/m^2$$

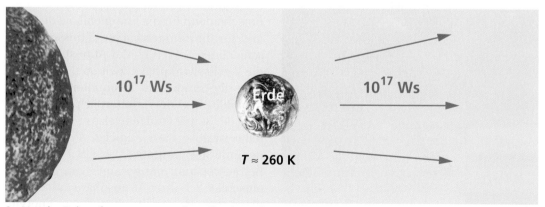

2   Von der Erde aufgenommene und von ihr abgegebene Energie. Der wesentliche Unterschied besteht darin, dass die aufgenommene Strahlung eine Hochtemperaturstrahlung ist, die Erde dagegen Energie bei niedriger Temperatur von ca. 260 K abstrahlt.

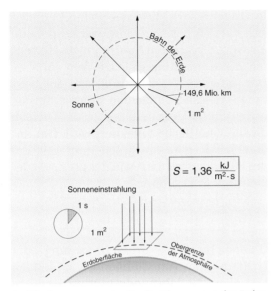

1 Die Sonnenenergie, die die Obergrenze der Erdatmosphäre erreicht, ist relativ konstant und beträgt 1,36 kJ je Quadratmeter und Sekunde.

Sie ist nicht zu verwechseln mit der Strahlungsenergie der Sonne, die durch die Atmosphäre bis zum Erdboden gelangt. Da ein erheblicher Teil der Sonnenstrahlung in der Atmosphäre absorbiert wird, gelangt nur etwa 50 % der auf die äußeren Schichten der Atmosphäre treffenden Strahlung bis zur Erdoberfläche, also etwa 700 W/m², senkrechter Einfall vorausgesetzt.

Gesetze der Temperaturstrahlung

Körper absorbieren bzw. emittieren Temperaturstrahlung in unterschiedlicher Weise. Genauere Untersuchungen zeigen: Körper, die Temperaturstrahlung besonders gut absorbieren, strahlen auch besonders stark Temperaturstrahlung ab. Das sind vor allem Körper mit dunklen, matten Oberflächen. Will man nun die Temperaturstrahlung verschiedener Körper miteinander vergleichen, so braucht man einen **Vergleichskörper**, ein **Normal**. Besonders gut ist dafür ein Körper geeignet, der die Eigenschaft hat, Temperaturstrahlung aller Wellenlängen vollständig

zu absorbieren. Dieser Körper würde dann keine Strahlung reflektieren und dadurch vollkommen schwarz erscheinen. In der Physik wird ein solcher Körper als **schwarzer Körper** bezeichnet. Sein Absorptionsgrad (s. S. 8) wäre $a = 1$.

Da dieser Körper im Vergleich zu allen anderen Körpern Temperaturstrahlung am besten absorbiert, wird er im Strahlungsgleichgewicht auch für alle Wellenlängen die größte Strahlungsintensität aufweisen. Deshalb wird dieser Vergleichskörper auch als **schwarzer Strahler** bezeichnet. Sein Emissionsgrad e, d. h. der Quotient aus abgegebener und aufgewandter Energie, hat ebenso wie der Absorptionsgrad den Wert $e = 1$ (Abb. 2).

> Ein schwarzer Körper bzw. schwarzer Strahler ist ein Vergleichskörper zur Beschreibung und Messung der Temperaturstrahlung von Körpern. Von einem solchen Körper wird Strahlung vollständig emittiert bzw. absorbiert.

Modelliert werden kann ein solcher schwarzer Körper bzw. schwarzer Strahler durch einen innen mit Ruß oder matter schwarzer Farbe ausgekleideten Hohlkörper, der gegen die Umgebung wärmeisoliert ist (Abb. 1, S. 12).

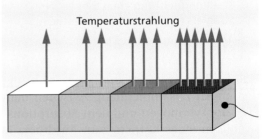

Strahler mit verschiedenen Oberflächen

2 Untersucht man die Strahlung, die bei gleicher Temperatur von verschiedenen Oberflächen ausgeht, so zeigt sich: Die meiste Strahlung geht von der dunklen (schwarzen) Oberfläche aus. Die Strahlung kann mit einer Thermosäule nachgewiesen werden.

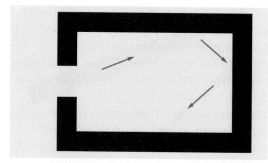

1 Bei einem solchen Hohlkörper mit dunkler, rauer Oberfläche wird die einfallende Temperaturstrahlung beim ersten Kontakt mit der Wandung zu 5 % reflektiert und zu 95 % absorbiert.
Beim zweiten Kontakt werden von der ursprünglichen Strahlung nur noch 0,25 % reflektiert und nach der dritten nur noch 0,01 %.

Als Strahler verhält sich der in Abb. 1 beschriebene Körper näherungsweise wie ein schwarzer Strahler. Aufgrund der Bauform des Strahlers spricht man in diesem Falle auch von **Hohlraumstrahlung**.

Bei der Untersuchung der Temperaturstrahlung verschiedener Körper entdeckte 1859 der deutsche Physiker GUSTAV R. KIRCHHOFF (1824–1887) das folgende, nach ihm benannte **kirchhoffsche Strahlungsgesetz**.

Die von einem beliebigen Körper ausgehende Strahlungsleistung kann berechnet werden mit der Gleichung:

$$P = P_s \cdot a$$

P_s Strahlungsleistung eines schwarzen Strahlers mit gleicher Temperatur

a Absorptionsgrad des Körpers

Das kirchhoffsche Strahlungsgesetz bringt den engen Zusammenhang zwischen dem Emissionsvermögen und dem Absorptionsvermögen eines Körpers zum Ausdruck. Je größer der Absorptionsgrad a und damit das Absorptionsvermögen eines Körpers ist, umso größer ist auch die von ihm ausgehende Strahlungsleistung.

Dieses Gesetz lässt sich aus folgenden Überlegungen herleiten:

In einem abgeschlossenen Raum befinden sich zwei Körper – ein schwarzer Körper und ein weiterer mit dem Absorptionskoeffizienten a im Strahlungsgleichgewicht (Abb. 2). Der schwarze Körper strahle mit der Leistung P_s. Diese trifft auf den anderen Körper, wobei ein Teil der Strahlung $P_r = P_s (1 - a)$ an dessen Oberfläche reflektiert wird. Der andere Teil P_a wird absorbiert und aufgrund des Strahlungsgleichgewichtes als P_e wieder emittiert. Damit folgt:

$$P_s = P_r + P_e$$
$$P_s = P_s (1 - a) + P_e$$
$$P_e = P_s \cdot a$$

Untersuchungen zur Verbesserung der Lichtausbeute von Glühlampen im letzten Viertel des 19. Jahrhunderts erforderten die Erforschung der Strahlungsleistung und der Zusammensetzung der Temperaturstrahlung in Abhängigkeit von der Temperatur der Glühwendeln.

Bei diesen Untersuchungen entdeckte der österreichische Physiker JOSEPH STEFAN (1835–1893) im Jahre 1879 einen Zusammenhang, der von LUDWIG BOLTZMANN (1844–1906) theoretisch begründet wurde und deshalb heute die Bezeichnung **Strahlungsgesetz von STEFAN und BOLTZMANN** trägt.

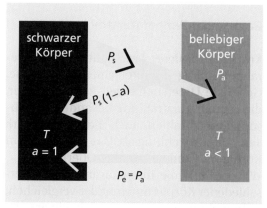

2 Herleitung des kirchhoffschen Strahlungsgesetzes: In einem abgeschlossenen Raum befinden sich zwei Körper gleicher Temperatur T mit verschiedenem Absorptionsgrad a.

Die Strahlungsleistung eines Körpers ist proportional zur strahlenden Oberfläche des Körpers und zur vierten Potenz seiner absoluten Temperatur:

$$P = \sigma \cdot e \cdot A \cdot T^4$$

$$\sigma = 5{,}67 \cdot 10^{-8} \, \frac{\text{W}}{\text{m}^2 \cdot \text{K}^4}$$

(STEFAN-BOLTZMANN-Konstante)

e Emissionsgrad (= Absorptionsgrad a)

A Fläche, von der Strahlung ausgeht

T Temperatur des strahlenden Körpers in Kelvin

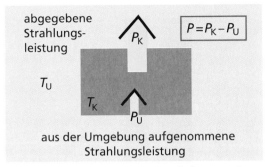

abgegebene Strahlungsleistung

$$P = P_K - P_U$$

T_U

T_K

aus der Umgebung aufgenommene Strahlungsleistung

1 Die insgesamt vom Körper auf die Umgebung oder von der Umgebung auf den Körper übertragene Strahlungsleistung ergibt sich als Differenz zwischen emittierter und absorbierter Strahlung.

Für einen schwarzen Strahler mit $e = 1$ vereinfacht sich die Gleichung zu $P = \sigma \cdot A \cdot T^4$. Mit diesem Gesetz lässt sich einerseits berechnen, wie groß die Strahlungsleistung ist, die ein Strahler (z. B. eine Glühwendel) bei einer bestimmten Temperatur abgibt. Andererseits ist es aber auch möglich, aus der Strahlungsleistung eines Körpers auf seine Oberflächentemperatur zu schließen.

Ein strahlender Körper befindet sich immer in einer Umgebung, deren Temperatur größer als der absolute Nullpunkt ist. Er gibt nicht nur Strahlung ab, sondern nimmt auch aus seiner Umgebung Strahlung auf.

Beträgt die von einem Körper abgegebene Strahlungsleistung P_K und die aus der Umgebung aufgenommene Strahlungsleistung P_U, so ergibt sich als tatsächlich **übertragene Strahlungsleistung** die Differenz aus beiden, also $P = P_K - P_U$.

Die Zusammenhänge kann man auch mit Hilfe des Strahlungsgesetzes von STEFAN und BOLTZMANN ausdrücken.

Die von einem Körper auf seine Umgebung oder von der Umgebung auf einen Körper übertragene Strahlungsleistung beträgt:

$$P = \sigma \cdot e \cdot A \, (T_K{}^4 - T_U{}^4)$$

T_K Temperatur des Körpers

T_U Temperatur der Umgebung

Je nach dem Verhältnis der beiden Temperaturen T_K und T_U sind drei Fälle zu unterscheiden:

– Wenn $T_K > T_U$, dann gibt der Körper mehr Strahlung an die Umgebung ab als er aufnimmt und kühlt sich dabei ab.

– Wenn $T_K = T_U$, dann befindet sich der Körper mit der Umgebung im Strahlungsgleichgewicht.

– Wenn $T_K < T_U$, dann nimmt der Körper mehr Strahlung von der Umgebung auf als er an diese abgibt und erwärmt sich dabei.

Für die Konstruktion von Temperaturstrahlern verschiedener Anwendungen (z. B. Glühlampen, Rotlicht-Lampen, UV-Lampen) ist nicht nur die Strahlungsleistung bedeutsam, sondern auch die Verteilung der Strahlung auf die verschiedenen Wellenlängenbereiche.

Bei der Messung der Strahlungsintensität I in Abhängigkeit von der Wellenlänge λ erhält man für schwarze Körper für jede Temperatur eine charakteristische Kurve (Abb. 1, S. 14). Der Vergleich der Kurven für die verschiedenen Temperaturen zeigt:

– Mit zunehmender Temperatur vergrößert sich die Leistung des Strahlers sehr stark. Das ist in Übereinstimmung mit dem STEFAN-BOLTZMANN-Gesetz, nach dem die Strahlungsleistung der vierten Potenz der absoluten Temperatur proportional ist.

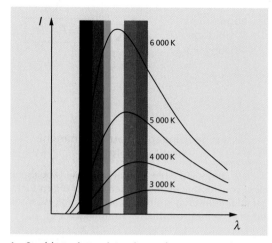

1 Strahlungsintensität eines schwarzen Strahlers in Abhängigkeit von der Wellenlänge für verschiedene Temperaturen des Strahlers

– Die Lage des Strahlungsmaximums hängt von der Temperatur ab und verschiebt sich mit Verringerung der Temperatur in Richtung größerer Wellenlänge.

Für den zuletzt genannten Sachverhalt fand der deutsche Physiker WILHELM WIEN (1864 bis 1928) im Jahre 1896 einen Zusammenhang, der nach ihm als **wiensches Verschiebungsgesetz** bezeichnet wird.

Die Wellenlänge λ_{max}, bei der für eine bestimmte Temperatur T das Strahlungsmaximum auftritt, ist indirekt proportional zu dieser Temperatur:

$$\lambda_{max} = \frac{k}{T}$$

mit k = 2,897 8 · 10^{-3} m · K (wiensche Konstante)

Alle diese im 19. Jahrhundert empirisch ermittelten Zusammenhänge bedurften einer theoretischen Fundierung. Die Physiker standen damit am Ende des 19. Jahrhunderts vor der Aufgabe, für den Kurvenverlauf der Temperaturstrahlung eine Gleichung zu finden und diese theoretisch zu begründen. Um 1900 existierten zwei verschiedene mathematische Modelle für die Temperaturstrahlung: Eines stammte von dem Deut-

schen WILHELM WIEN, das andere von den englischen Physikern J. W. S. RAYLEIGH (1842 – 1919) und J. J. JEANS (1877 – 1946). Beide Modelle beschreiben jeweils nur einen Teil des Kurvenlaufs korrekt (Abb. 2). Da die Gesetze der Elektrodynamik und der Thermodynamik, von der RAYLEIGH und JEANS bei der Herleitung ihrer Strahlungsformel ausgegangen waren, sich in anderen Bereichen der Physik bewährt hatten und Rechenfehler auszuschließen waren, musste unbewusst ein anderer Fehler gemacht worden sein.

Um dieses Problem zu lösen, machte PLANCK eine ungewöhnliche, völlig im Gegensatz zu den bisherigen Vorstellungen der Physik stehende Annahme: Er ging davon aus, dass die Energie eines Strahlers nicht in unendlich vielen beliebig kleinen Teilen abgestrahlt wird, sondern dass sich die abgestrahlte Energie aus einer endlichen Anzahl von „Energieportionen" oder **Quanten** zusammensetzt. In Auswertung der Energieverteilungen fand PLANCK im Jahr 1900 eine Konstante für den Zusammenhang zwischen abgegebener Energie und Frequenz der Strahlung. Diese Naturkonstante wird ihm zu Ehren als **plancksche Konstante** oder **plancksches Wirkungsquantum** bezeichnet.

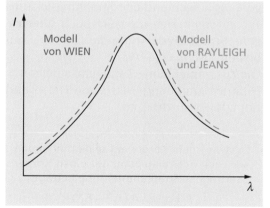

2 Modelle zur Beschreibung des Kurvenverlaufs der Temperaturstrahlung bei einer bestimmten Temperatur. Keines der Modelle beschreibt den gesamten Kurvenverlauf richtig.

Das plancksche Wirkungsquantum hat einen Wert von:

$$h = 6{,}626 \cdot 10^{-34}\ \text{J} \cdot \text{s}$$

Die Bezeichnung „Wirkungsquantum" kommt daher, weil ein Produkt aus Energie und Zeit in der Physik als **Wirkung** bezeichnet wird. Das Wort „Quantum" drückt aus, dass die Energie nur in Portionen (Quanten) abgegeben oder aufgenommen wird. Mit dem Wirkungsquantum kann auch die **Energie eines Quants** angegeben werden.

Die Energie eines Quants kann berechnet werden mit der Gleichung:

$$E = h \cdot f$$

h plancksches Wirkungsquantum

f Frequenz der Strahlung

Mit diesen Erkenntnissen gelang es PLANCK, den Kurvenverlauf (s. Abb. 1 und 2, S. 14) exakt zu beschreiben. Zugleich wurde MAX PLANCK damit zum Begründer einer neuen Theorie, der **Quantentheorie**.

1 MAX PLANCK (1858–1947) war als Professor für theoretische Physik in Kiel und Berlin tätig. Seine Erkenntnisse zur quantenhaften Emission von Strahlung veröffentlichte er im Jahr 1900.

Die Entdeckung und Entwicklung der Quantentheorie

Entscheidende Anstöße für die genauere Untersuchung der Temperaturstrahlung gingen von der Berliner Glühlampenindustrie aus: Für die Verbesserung der Lichtausbeute von Glühlampen benötigte man sowohl Untersuchungen zur Strahlungsleistung von Glühfäden als auch zur Zusammensetzung des Lichtes in Abhängigkeit von der Temperatur. Dazu wurden vor allem in der Physikalisch-Technischen Reichsanstalt in Berlin und an der Berliner Universität durch Physiker wie G. R. KIRCHHOFF, W. WIEN, H. RUBENS, O. LUMMER, E. PRINGSHEIM und F. KURLBAUM zahlreiche experimentelle Untersuchungen durchgeführt und theoretische Vorstellungen weiterentwickelt. Die Ende des 19. Jahrhunderts durchgeführten Untersuchungen führten zur Entdeckung wichtiger Zusammenhänge, die in verschiedenen Strahlungsgesetzen (s. S. 12–14) zum Ausdruck kommen.

Einen entscheidenden Schritt zur theoretischen Fundierung gelang WILHELM WIEN 1896 mit der Formulierung seines Strahlungsgesetzes, das den Verlauf der Strahlungsintensität bei kleinen Wellenlängen richtig beschrieb. Der berühmte Physiker MAX VON LAUE kommentierte diese Ergebnisse so: „Es bleibt W. WIENS unsterblicher Ruhm, bis unmittelbar an die Pforten der Quantenphysik geführt zu haben; schon der nächste Schritt, den PLANCK vollzog, führte durch diese hindurch."

Ausgangspunkt für den theoretischen Physiker PLANCK bildeten Versuche zur Strahlung schwarzer Körper, die von H. RUBENS und F. KURLBAUM in der Physikalisch-Technischen Reichsanstalt in Berlin-Charlottenburg durchgeführt wurden: Sie zeigten, dass für große Wellenlängen das wiensche Strahlungsgesetz nicht zutraf. PLANCK, der diese Versuchsergebnisse kannte, entwickelte daraufhin eine Strahlungsformel, die exakt die experimentell ermittelten Zusammenhänge beschrieb.

Bei der theoretischen Begründung seiner Strahlungsformel, die PLANCK am 14. Dezember 1900 in einer Sitzung der Deutschen Physikalischen Gesellschaft in Berlin vortrug, formulierte er u. a.: *Wenn die Energie als uneingeschränkt teilbare Größe angesehen wird, ist die Verteilung auf unendlich verschiedene Arten möglich. Wir betrachten aber – und das ist der wesentliche Punkt der ganzen Betrachtung – E als zusammengesetzt aus einer ganz bestimmten Anzahl endlich gleicher Teile und bedienen uns dazu der Naturkonstanten h = 6,55 · 10⁻²⁷ erg · s (erg ist eine nicht mehr gebräuchliche Energieeinheit – d. Verf.). Diese Konstante mit der gemeinsamen Schwingungszahl f der Resonatoren multipliziert ergibt das Energieelement ε.*

Der 14. 12. 1900, an dem PLANCK seine Strahlungsformel begründete, gilt als Geburtsstunde der **Quantentheorie**. Die von PLANCK entwickelten Vorstellungen zur quantenhaften Emission von Strahlung standen im Gegensatz zu der jahrhundertelang vertretenen Auffassung „Natura non facit saltus" (Die Natur macht keine Sprünge).

PLANCK selbst war bestürzt über die Folgerungen, die sich aus seiner Entdeckung ergaben, und sträubte sich längere Zeit gegen seine eigene Erkenntnis. Auch viele andere Physiker lehnten die plancksche Theorie zunächst ab.

1 GUSTAV ROBERT KIRCHHOFF (1824 bis 1887) hat nicht nur die Spektralanalyse mitentwickelt. Er hat sich auch intensiv mit der Wärmestrahlung und insbesondere mit schwarzen Strahlern beschäftigt.

2 Dieses berühmte Bild ALBERT EINSTEINS (1879–1955) entstand an seinem 72. Geburtstag.

Der erste Physiker, der den genialen Gedanken der quantenhaften Emission und Absorption von Strahlung aufgriff und schöpferisch weiterführte, war ALBERT EINSTEIN (Abb. 2).

In der 1905 veröffentlichten Arbeit „Über einen die Erzeugung und Verwendung des Lichtes betreffenden heuristischen Gesichtspunkt" formulierte EINSTEIN die entscheidende Überlegung: Die Energie von Licht wird diskontinuierlich übertragen. Licht verhält sich so, als ob es aus einzelnen Energiepaketen (Lichtquanten, Fotonen) bestünde. Er formulierte in dieser Arbeit auch die berühmte Gleichung $E = h \cdot f$.

Wie umstritten diese Auffassungen waren, formulierten die Physiker PLANCK, NERNST, RUBENS und WARBURG im Zusammenhang mit der Aufnahme von EINSTEIN in die Preußische Akademie der Wissenschaft 1913 so: *„Dass er in seinen Spekulationen gelegentlich auch einmal über das Ziel hinausgeschossen haben mag, wie z.B. in seiner Hypothese der Lichtquanten, mag man ihm nicht allzu schwer anrechnen dürfen; denn ohne einmal ein Risiko zu wagen, lässt sich auch in der exaktesten Naturwissenschaft keinerlei wirkliche Neuerung einführen."*

Die beschriebenen wissenschaftlichen Leistungen von PLANCK und EINSTEIN wurden erst spät voll anerkannt. MAX PLANCK erhielt dafür 1918 den Nobelpreis für Physik; ALBERT EINSTEIN erhielt ihn 1921 *„für seine Verdienste um die theoretische Physik, besonders für seine Entdeckung des Gesetzes des fotoelektrischen Effekts"*.

Anwendungen

Die mittlere Temperatur der Erde und der natürliche Treibhauseffekt

Seit Millionen von Jahren hat sich auf der Erde ein Klima herausgebildet, dass durch eine relativ konstante Temperatur gekennzeichnet ist. Die Abweichungen betrugen in den zurückliegenden Jahrmillionen nie mehr als 10 K von dem jetzigen Mittelwert von 15 °C. Damit sind aber auch optimale Bedingungen für die Entwicklung von höherem Leben entstanden.

Eine entscheidende Ursache für diese Bedingungen ist die Existenz der Atmosphäre einschließlich ihrer Zusammensetzung und der dadurch hervorgerufenen thermischen Prozesse. Da diese sehr komplexer Natur sind, sollen sie schrittweise durch stark vereinfachte Modelle beschrieben werden.

Welche Temperatur hätte die Erde an ihrer Oberfläche, wenn keine Atmosphäre vorhanden wäre?

Analyse:

Die von der Sonne ausgehende Temperaturstrahlung von $P_s = 3,8 \cdot 10^{26}$ W verteilt sich gleichmäßig in alle Richtungen des Weltraumes, so dass auf einem Quadratmeter in der Entfernung der Erdbahn nur noch 1360 Watt treffen (Solarkonstante $S = 1,36$ kW/m²). Da sich die Erde seit sehr langer Zeit im konstanten Strahlungsfeld der Sonne befindet, hat sich ein Gleichgewicht zwischen der von der Sonne auftreffenden Strahlung und der von der Erde abgegebenen Strahlung herausgebildet (s. Abb. 2, S. 10). Die auf die Erde treffende Strahlungsleistung beträgt:

$$P_S = A \cdot S$$

A ist die Querschnittsfläche der Erde, S die Solarkonstante. Da 30 % der einfallenden Strahlung sofort reflektiert werden, dürfen für das Strahlungsgleichgewicht nur 70 % der einfallenden Strahlung berücksichtigt werden.

Die von der Erde abgegebene Strahlung kann nach dem Gesetz von STEFAN und BOLTZMANN (s. S. 13) berechnet werden:

$$P_E = \sigma \cdot A_E \cdot T_E^4$$

A_E ist dabei die Erdoberfläche und T_E die Temperatur an der Erdoberfläche.

Gesucht: T_E

Gegeben: $S = 1360$ W/m²
$A = \pi \cdot r_E^2$
$A_E = 4 \pi \cdot r_E^2$
$\sigma = 5,67 \cdot 10^{-8}$ W / (m² · K⁴)

Lösen physikalisch-mathematischer Aufgaben

Beim Lösen physikalischer Aufgaben mit mathematischen Mitteln sollte man Folgendes beachten:

1. Versuchen Sie sich den Sachverhalt der Aufgabe vorzustellen! Fertigen Sie, wenn notwendig, eine anschauliche Skizze an!
2. Vereinfachen Sie den Sachverhalt aus der Sicht der Physik!
   Lassen Sie Unwesentliches weg! Fertigen Sie eine vereinfachte, schematische Skizze zum Sachverhalt an!
3. Stellen Sie die gesuchten und die gegebenen Größen der Aufgabe zusammen!
4. Versuchen Sie, Zusammenhänge und Gesetze im Sachverhalt zu erkennen!
   Geben Sie Gleichungen für gesuchte und gegebene Größen an, die unter den gegebenen Bedingungen gelten!
5. Mitunter wird der Sachverhalt mit mehreren Gleichungen und mehreren Variablen (unbekannten Größen) beschrieben.
   Lösen Sie das Gleichungssystem, indem Sie die Gleichungen miteinander kombinieren!
6. Setzen Sie die Werte für die gegebenen Größen in die Endgleichung ein und berechnen Sie die gesuchten Größen!
   Prüfen Sie die Größenordnung des Ergebnisses!
7. Formulieren Sie das Ergebnis der Aufgabe unter Beobachtung sinnvoller Genauigkeit! Beantworten Sie dabei die Fragen im Aufgabentext!

Lösung:

Im Strahlungsgleichgewicht gilt:

$$0,7 \cdot P_S = P_E$$
$$0,7 \cdot A \cdot S = \sigma \cdot A_E \cdot T_E{}^4$$

Setzt man für A und A_E die gegebenen Werte ein und stellt nach T_E um, so erhält man:

$$T_E = \sqrt[4]{\frac{0,7 \cdot S}{4\sigma}}$$

$$T_E = \sqrt[4]{\frac{0,7 \cdot 1\,360\,\mathrm{W} \cdot \mathrm{m}^2 \cdot \mathrm{K}^4}{4 \cdot 5,67 \cdot 10^{-8}\mathrm{m}^2 \cdot \mathrm{W}}}$$

$$\underline{T_E = 255\ \mathrm{K}}$$

Ergebnis:

Ohne Vorhandensein der Atmosphäre hätte die Erdoberfläche eine durchschnittliche Temperatur von 255 K oder –18 °C. Das wäre eine Temperatur, bei der sich kein Leben hätte entwickeln können.

Die tatsächliche mittlere Temperatur an der Erdoberfläche beträgt aber nicht –18 °C, sondern aufgrund des Vorhandenseins der Atmosphäre +15 °C. Ursache dafür ist der **natürliche Treibhauseffekt**.

Was versteht man unter dem natürlichen Treibhauseffekt? Wie beeinflusst er die Temperatur an der Erdoberfläche?

Der natürliche Treibhauseffekt ist vergleichbar mit den Vorgängen, die bei einem Treibhaus mit gläsernem Dach oder bei einem Niedrigenergiehaus zu beobachten sind (Abb. 1). Die Erde im Treibhaus erwärmt sich solange, bis sich ein Strahlungsgleichgewicht eingestellt hat. Ähnliches ist auch bei einem Auto zu beobachten, dass längere Zeit in praller Sonne steht. Die Rolle des Glases vom Treibhaus übernimmt im Fall der Erde die Atmosphäre, insbesondere ihre Bestandteile Wasserdampf, Kohlenstoffdioxid, Methan, Ozon und Fluorchlorkohlenwasserstoffe. Man fasst diese Gase auch unter dem Begriff der **Treibhausgase** zusammen.

Wir betrachten nachfolgend schrittweise die Vorgänge, die in der Atmosphäre vor sich gehen.

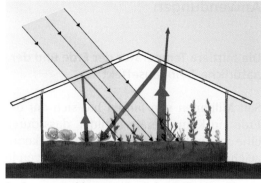

1 Sonnenstrahlung erwärmt den Erdboden. Die von ihm emittierte Wärmestrahlung wird vom Glasdach z. T. wieder reflektiert. Der Boden erwärmt sich dadurch stärker als ohne Abdeckung.

Von den 100 % Temperaturstrahlung der Sonne, die auf die Erde treffen, werden 30 % reflektiert, 50 % gelangen bis zum Erdboden und 20 % werden durch die Atmosphäre absorbiert. Davon wiederum werden ca. 10 % in Richtung Erdboden und 10 % in Richtung Weltall abgestrahlt (Abb. 2).

Bei Strahlungsgleichgewicht müsste die Erdoberfläche bei diesem einfachen Modell also ungefähr 60 % der auftreffenden Sonnenstrahlung als Temperaturstrahlung wieder abgeben. Unter der Annahme, die Erde verhält sich dabei wie ein schwarzer Körper, würde sich eine Oberflächentemperatur von –28 °C einstellen und die maximale Strahlungsleistung würde im Infraroten bei $\lambda_{max} = 11{,}8\ \mu\mathrm{m}$ liegen.

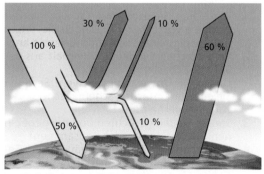

2 Einfaches Modell für die Strahlungsvorgänge bei der Erde ohne Berücksichtigung der Rückstrahlung der Atmosphäre in Richtung Erdoberfläche

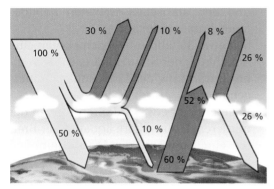

1 Strahlungsvorgänge unter Berücksichtigung der Rückstrahlung der Atmosphäre

Die in der Atmosphäre enthaltenen Treibhausgase sind aber nur für etwa 13 % dieser infraroten Strahlung durchlässig, die restlichen 87 % werden wiederum absorbiert und rufen eine Wärmestrahlung hervor, die zu gleichen Teilen nach oben und unten abgegeben wird (Abb. 1).

Durch diese zusätzliche Rückstrahlung wird der Erdboden erwärmt. Das hat eine größere Temperaturstrahlung im infraroten Bereich zur Folge.

Die Wechselwirkung zwischen Erdoberfläche und Treibhausgasen setzt sich solange fort, bis sich ein Gleichgewicht einstellt, das vereinfacht in Abbildung 2 dargestellt ist. Durch Erwärmung der Luft in der Nähe des Erdbodens tritt neben dem Transport thermischer Energie in Form von Temperaturstrahlung auch noch Wärmeströmung auf.

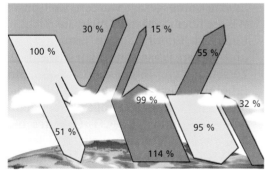

2 Gesamtbilanz der Temperaturstrahlung im thermodynamischen Gleichgewicht

Dieser Anteil ist in der Gesamtbilanz zu berücksichtigen.

Im thermodynamischen Gleichgewicht beträgt die durchschnittliche Temperatur der Erdoberfläche dann +15 °C.

> Die Temperaturerhöhung von –18 °C ohne Atmosphäre auf + 15 °C mit Atmosphäre nennt man den **natürlichen Treibhauseffekt,** weil die Treibhausgase eine ähnliche Wirkung in der Erdatmosphäre hervorrufen wie die Glasscheiben eines Treibhauses.

Berechnung der Temperatur an der Erdoberfläche

In einer vereinfachten Modellrechnung kann man die Temperatur an der Erdoberfläche berechnen.

Da die Temperaturstrahlung der Sonne nur vom Erdquerschnitt eingefangen wird, sich dann aber auf die gesamte Erdoberfläche verteilt, wird statt S in der Rechnung $S/4$ gesetzt.

Nach Abb. 2 bedeuten:

d direkte Sonneneinstrahlung (51 % der Gesamtstrahlungsleistung $S/4$)

r Einstrahlung durch Rückstrahlung (95 % von $S/4$)

k Wärmetransport durch Konvektion (32 % von $S/4$)

t Temperaturstrahlung der Erdoberfläche (114 % von $S/4$)

Im Strahlungsgleichgewicht gilt demnach:
$$d + r = k + t$$

Setzt man für die Strahlungsleistung der Erde das Gesetz von STEFAN und BOLTZMANN in der Form

$$\frac{P}{A} = \sigma \cdot T^4 \text{ an, so erhält man:}$$

$$0{,}51\, S/4 + 0{,}95\, S/4 = 0{,}32\, S/4 + \sigma \cdot T_E^{\,4}$$

$$T = \sqrt[4]{\frac{(0{,}51 + 0{,}95 - 0{,}32) \cdot S}{4 \cdot \sigma}}$$

$$T = 4\sqrt{\frac{1{,}14 \cdot 1{,}36 \text{ kW/m}^2}{4 \cdot 5{,}67 \cdot 10^{-8} \text{W/(m}^2 \cdot \text{K}^4)}}$$

$$T = 288 \text{ K}$$

Die Abschätzung ergibt eine Temperatur von 288 K oder 15 °C an der Erdoberfläche. Das entspricht dem tatsächlich ermittelten Wert.

Der zusätzliche Treibhauseffekt

In den letzten Jahrzehnten wurde eine Erhöhung der Erdtemperatur um etwa 0,5 K registriert. In einer Reihe von Klimamodellen wird bis zum Jahr 2100 mit einer weiteren Erwärmung von 1,5 K bis 3 K gerechnet. Zurückgeführt wird diese Entwicklung von vielen Wissenschaftlern auf das Wirken des Menschen. Insbesondere hat sich durch die Industrialisierung die Konzentration von Treibhausgasen in der Atmosphäre verändert. Das hat zu einer Verstärkung des natürlichen Treibhauseffektes geführt. Dieser zusätzliche Treibhauseffekt wird auch als **anthropogener Treibhauseffekt** bezeichnet, da er auf vom Menschen (anthropo … (gr.) – den Menschen betreffend) hervorgerufenen Wirkungen beruht.
Welche wissenschaftlichen Erkenntnisse und Beobachtungen sprechen für, welche gegen das Auftreten eines zusätzlichen Treibhauseffektes? Wie beeinflussen verschiedene Gase den Treibhauseffekt? Was kann jeder Einzelne tun, um den anthropogenen Treibhauseffekt zu mildern?

Für das Auftreten eines anthropogenen Treibhauseffektes sprechen Beobachtungen, die auf eine Temperaturerhöhung hinweisen:
– Seit 100 Jahren wird eine stetige Erhöhung des Meeresspiegels beobachtet, heute soll der Spiegel 12 bis 15 cm höher liegen.
– Gletscher in den Alpen gehen seit 100 Jahren zurück. Permafrostböden in Alaska und den arktischen Gebieten Kanadas tauen immer tiefer auf.
– Seit etwa 30 Jahren beobachtet man eine Abkühlung der Stratosphäre, was mit einer Erwärmung der Troposphäre einhergehen muss.
– Ebenfalls seit etwa 30 Jahren wird in der mittleren Troposphäre äquatorialer Breiten eine Zunahme des Wasserdampfgehaltes gemessen.

Es gibt allerdings auch Erkenntnisse, die gegen das Auftreten eines zusätzlichen Treibhauseffektes sprechen. Darüber hinaus gibt es noch viele von der Wissenschaft ungeklärte Fragen, z. B.
– Entscheidende Einflussgröße für das Erdklima ist die Temperaturstrahlung der Sonne. Durch Änderungen der Exzentrizität der Erdbahn, der Präzession der Erdachse und der Lage der Erdachse vermutet man Änderungen der Solarkonstanten von 5 %–7 %. Das führte vermutlich auch zu den aus der Geschichte bekannten Eiszeiten und Warmzeiten. Wir können uns gegenwärtig am Beginn einer Warmzeit befinden.
– Es ist völlig offen, wie der große Wärmespeicher Ozean mit seinen Zirkulationen auf Klimaveränderungen reagiert, beide Richtungen – Temperaturerhöhung oder -erniedrigung – sind möglich. Für alle diese Rückkopplungen können zur Zeit keine Effekte vorausgesagt werden, weil unser Wissen über die Details nicht ausreicht.
– Einerseits führen höhere Temperaturen und stärkere Einstrahlung zur schnelleren Zersetzung von Biomasse und damit zur Erhöhung des CO_2-Gehaltes. Auch die menschliche Tätigkeit trägt zu einer deutlichen Erhöhung des CO_2-Gehaltes der Luft bei. Andererseits sollten sich mit wachsendem CO_2-Gehalt und milderem Klima die Bewaldungen vergrößern, die mit ihrem Holzgerüst Kohlenstoff speichern können. Unsicher ist auch, wie viel

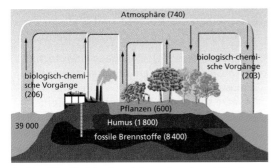

1 Der CO_2-Kreislauf und das gebundene CO_2. Angegeben sind Mrd. Tonnen.

Gas	Anteil am zus. Treibhauseffekt	Eintrag in Mio. t pro Jahr	Quellen
Kohlenstoffdioxid	50 %	850000	Fossile Brennstoffe, Brandrodung, biologischer Abbau, Atmung
Methan	19 %	500	Großviehhaltung, Sümpfe, Reisanbau
FCKW	17 %	0,8	FCKW-Anwendung
Ozon	8 %	wechselnd	Eintrag aus Stratosphäre, Reaktionen von Gasen
Stickstoffoxide	4 %	50	Stickstoffdüngung, Brandrodung, Verbrennungsvorgänge
Wasser	2 %	wechselnd	Verdunstung

Kohlenstoffdioxid das Meerwasser in Abhängigkeit von der Konzentration dieses Gases in der Luft absorbiert.
– Die Bestimmung der Durchschnittstemperatur der Erde ist u. a. aufgrund ungenügender Messwerte problematisch. Die Durchschnittstemperatur im Jahr 1980, auf die die Messwerte bezogen werden, fällt möglicherweise in eine Kälteperiode, dementsprechend fallen vermeintliche Temperaturerhöhungen größer aus.
Unbestritten ist aber die Tatsache, dass durch die jahrzehntelange verstärkte Abgabe von Treibhausgasen in die Atmosphäre eine Beeinflussung der Strahlungsverhältnisse erfolgt. Der Beitrag der einzelnen Treibhausgase zum natürlichen Treibhauseffekt ist aufgrund ihrer atmosphärischen Konzentration und ihrer chemischen Struktur sehr unterschiedlich. Der Einfluss einzelner Gase ist in der Übersicht links unten dargestellt. Den größten Anteil am anthropogenen Treibhauseffekt hat mit ca. 50 % Kohlenstoffdioxid, gefolgt von Methan und FCKW (Übersicht oben).
Der wichtigste Ansatzpunkt der Verringerung eines zusätzlichen Treibhauseffekt ist

Gas	Temperatureffekt
Wasserdampf	21 K
Kohlenstoffdioxid	7 K bei Verdopplung der Konzentration weitere 3 K, bei Vervierfachung 6 K
Ozon	2 K
Stickstoffoxide	2 K
Methan	1 K

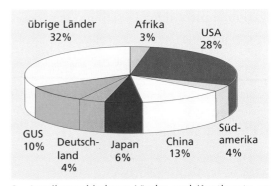

2 Anteil verschiedener Länder und Kontinente an der globalen CO_2-Emission von ca. 24 Mrd. t im Jahr (Stand: 1997)

eine Reduzierung des CO_2-Ausstosses. In Deutschland betrug dieser Ausstoß im Jahr 1998 ca. 850 Mio. t und damit etwa 4 % der globalen CO_2-Emissionen (Abb. 2, S. 21).
Während der Ausstoß an CO_2 in Deutschland und einigen anderen Ländern sank, stieg er weltweit weiter an. Dringend notwendig ist eine Umkehr dieser Entwicklung, zu der auch jeder Einzelne durch rationellen Umgang mit Energie und Treibstoffen seinen Beitrag leisten kann.

Messung der Temperaturstrahlung

Die von Körpern ausgehende, meist unsichtbare Temperaturstrahlung kann durch **Strahlungspyrometer** oder durch fotografische Verfahren (Infrarotfotografie und Thermografie) registriert, gemessen oder sichtbar gemacht werden.
Beschreiben Sie den Aufbau und erklären Sie die Wirkungsweise eines Strahlungspyrometers? Wo werden solche Messgeräte genutzt?

Ein **Strahlungspyrometer** (Abb. 1) dient der Messung von Temperaturstrahlung.
Die von dem zu messenden Objekt ausgehende Strahlung soll möglichst vollständig vom Messgerät absorbiert werden. Deshalb muss es im Aufbau einem schwarzen Körper gleichen. Er kann nachgebildet werden durch einen Hohlraum, dessen Wände die Strahlung nicht durchlassen und der innen

Beschreiben des Aufbaus und Erklären der Wirkungsweise eines technischen Gerätes

Beim Beschreiben des Aufbaus eines technischen Gerätes und dem Erklären seiner Wirkungsweise mit Hilfe physikalischer Gesetze sollte man Folgendes beachten:
1. Gehen Sie vom Verwendungszweck des technischen Gerätes aus!
2. Beschreiben Sie die für das Wirken physikalischer Gesetze wesentlichen Teile des Gerätes!
   Lassen Sie dabei technische Details des Gerätes unberücksichtigt!
3. Führen Sie die Wirkungsweise des Gerätes auf physikalische Gesetze zurück!

überall die gleiche Temperatur hat. Bringt man an einem solchen Körper eine kleine Öffnung an, so kann die einfallende Strahlung gemessen werden. Dafür bieten sich technisch zwei Möglichkeiten an.
Die einfallende Strahlung trifft auf ein **Thermoelement**. Ein solches Thermoelement besteht im Prinzip aus 2 Metallen, die an zwei Stellen zusammengelötet sind (Abb. 2). Die zweite Möglichkeit besteht darin, statt eines Thermoelements ein optoelektronisches Bauelement (z. B. Fotowiderstand, Fotodiode, Fototransistor oder Fotoelement) zu verwenden. Dabei entsteht durch den inneren lichtelektrischen Effekt eine Spannung.
Strahlungspyrometer werden zur Messung hoher Temperaturen eingesetzt.

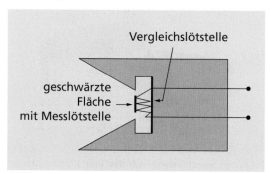

1 Strahlungspyrometer mit Nutzung des thermoelektrischen Effekt (Thermosäule)

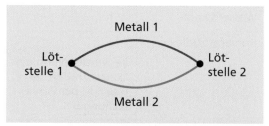

2 Einfaches Thermoelement: Bei unterschiedlicher Temperatur der Lötstellen entsteht zwischen ihnen eine Spannung und damit ein Strom im Stromkreis, der von der Temperaturdifferenz abhängt (thermoelektrischer Effekt, SEEBECK-Effekt).

Die Thermografie – ein Hilfsmittel in Medizin und Technik

Viele Körper geben Wärme an ihre Umgebung ab. Das ist z.T. erwünscht, z.T. aber auch unerwünscht. Die von Körpern abgegebene Wärme kann mit Hilfe von speziellen Kameras registriert werden. Aus den Aufnahmen (Abb. 1, 2) kann man die Temperaturverteilung erkennen. Die Temperaturstrahlung des Menschen liegt zwischen 3 µm und 30 µm mit dem Maximum bei 10 µm.

In der Medizin kann man aus der Temperaturverteilung auf Erkrankungen schließen. So haben z.B. entzündete Stellen eine höhere Temperatur. Dabei ist zu beachten, dass auch normalerweise die Hauttemperatur des Menschen nicht überall gleich groß ist (Abb. 1).

In der Technik kann man die Thermografie z. B. nutzen, um bei Häusern die Stellen zu ermitteln, von denen besonders viel Wärme abgegeben wird. Bei Rohrleitungen (Abb. 2) kann man Mängel in der Isolierung oder schadhafte Stellen ermitteln. Bei komplizierten elektronischen Schaltungen und Bauelementen lassen sich die Stellen herausfinden, die sich stärker erwärmen.

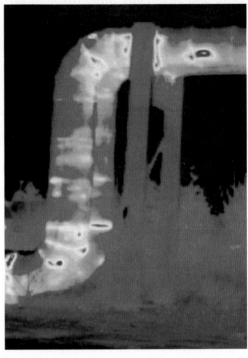

2　An den roten Stellen ist bei der Rohrleitung die Temperatur höher. Möglicherweise ist dort die Isolierung schadhaft.

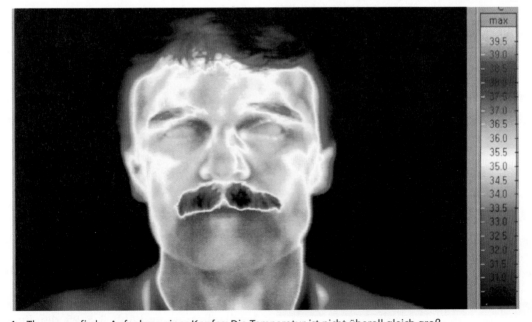

1　Thermografische Aufnahme eines Kopfes: Die Temperatur ist nicht überall gleich groß.

Wärme und Strom aus Sonnenstrahlung

Die von der Sonne ausgesandte Temperaturstrahlung kann man technisch in verschiedener Weise nutzen: Mit **Sonnenkollektoren** (Abb. 1) wird die Temperaturstrahlung der Sonne in thermische Energie umgewandelt. Mit **Solarzellen** kann man die Strahlung der Sonne in elektrische Energie umwandeln (Abb. 2).

Wie groß ist die nutzbare Sonnenstrahlung in verschiedenen Gebieten der Bundesrepublik Deutschland?
Wie ist ein Sonnenkollektor aufgebaut?
Wie funktioniert er?

Messungen zeigen, dass in Deutschland auf eine nach Süden geneigte Fläche durchschnittlich auf einem Quadratmeter 1100 kWh im Jahr treffen. Dabei gibt es ein Nord-Süd-Gefälle: In Norddeutschland sind es 10 % weniger, in Süddeutschland 10 % mehr (Abb. 3).

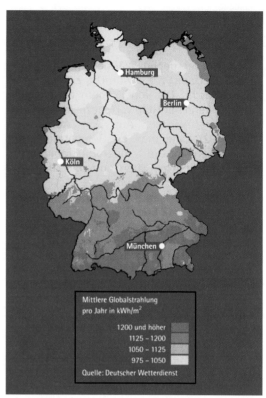

Mittlere Globalstrahlung pro Jahr in kWh/m²

1200 und höher
1125 – 1200
1050 – 1125
975 – 1050

Quelle: Deutscher Wetterdienst

3 Gesamte Sonneneinstrahlung auf eine nach Süden geneigte Fläche pro Jahr in kWh/m²

1 Im Sonnenkollektor auf dem Hausdach wird Wasser erwärmt.

2 Solarzellen sind meist aus Silicium aufgebaut und haben heute einen Wirkungsgrad von etwa 15 %.

Das physikalische Grundprinzip aller Sonnenkollektoren ist das Absorbieren eines möglichst großen Teils der Temperaturstrahlung der Sonne und die Nutzung des durch die Absorption hervorgerufenen Temperaturunterschiedes zur Umgebung. Je nach dem Einsatz wurden dafür unterschiedliche technische Lösungen entwickelt (s. Übersicht auf S. 25). Für die Gewinnung von warmem Wasser werden meist Flachkollektoren verwendet (Abb. 1)
Für die Erzeugung von Wasserdampf bzw. von hohen Temperaturen (Schmelzöfen, Meerwasserentsalzung) nutzt man verschiedene Arten von Spiegeln.
Am meisten verbreitet sind bei uns **Flachkollektoren**.
Abb. 2, S. 25, zeigt den Aufbau eines solchen Flachkollektors und Abb. 3, S. 25, den Energiefluss in einem solchen Kollektor.

Bezeichnung	Flachkollektoren	Parabolspiegel (Absorber im Brennpunkt)	Zylinderspiegel (Absorber in Brennlinie)	Heliostaten reflektieren Strahlung auf Turm
Temperatur	50 bis 90 °C	einige 1000 °C	300 bis 500 °C	500 bis 1200 °C
Konzentrationsfaktor	1	bis 40 000	10 bis 200	400 bis 1000
Anwendungen	Warmwasser	Prozesswärme Schmelzofen	Meerwasserentsalzung Elektroenergie	Elektroenergie

1 Verschiedene Arten von Kollektoren zur Nutzung der Sonnenstrahlung

Bei einem kastenförmig aufgebauten Flachkollektor trifft die einfallende Sonnenstrahlung auf eine geschwärzte Platte aus Metall oder Kunststoff. Diese absorbiert die Strahlungsenergie und wandelt sie in thermische Energie um. Damit die thermische Energie nicht gleich wieder durch Wärmestrahlung verloren geht, ist der Kollektor nach oben hin mit einer oder zwei transparenten Abdeckungen versehen. Außerdem wird die Konvektion verringert, da die Absorberplatte nicht in direktem Kontakt mit der Außenluft steht. Eine Wärmedämmung aus Mineralwolle oder Schaumstoff an den Seiten sowie an der Unterseite begrenzt weitere Wärmeverluste des Kollektors. Zur kontrollierten Wärmeabführung aus dem Kollektor lässt man ein Wärmeträgermedium, z. B. Wasser, in Kanälen oder in Rohren an der Absorberplatte vorbeiströmen.

Mit Hilfe von Sonnenkollektoren ist es heute möglich, einen erheblichen Teil der Heizung und des Brauchwassers für ein Haus zu gewinnen.

Häufig erfolgt auch eine Kombination aus Nutzung von Sonnenkollektoren und Solarzellen (Abb. 4).

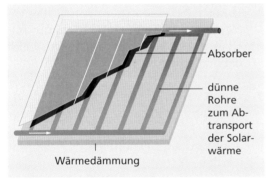

2 Aufbau eines Flachkollektors mit direkt durchströmtem Absorber

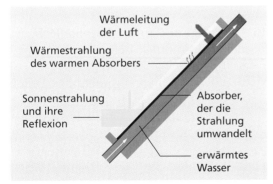

3 Energiefluss im Flachkollektor: Die Absorption soll groß, die Emission klein sein.

4 Bei Niedrigenergiehäusern nutzt man die Solarthermie und die Fotovoltaik.

25

Aufgaben

1. Nennen und erläutern Sie Beispiele aus Natur und Technik für Wärmeleitung, Wärmeströmung und Wärmestrahlung!

2. Verschaffen Sie sich einen Überblick über das gesamte Spektrum elektromagnetischer Wellen! Wie ordnet sich die Temperaturstrahlung dort ein!

3. Die Strahlung der Sonne setzt sich aus infrarotem Licht (38 %), sichtbarem Licht (48 %), ultraviolettem Licht (7 %) sowie aus langwelligeren (6 %) und kurzwelligeren (1 %) Anteilen zusammen.
   a) Stellen Sie die spektrale Zusammensetzung des Sonnenlichtes in einem Kreisdiagramm dar!
   b) Vergleichen Sie die Zusammensetzung von Sonnenlicht mit der Temperaturstrahlung einer Glühlampe (s. S. 7) und einer Leuchtstofflampe!

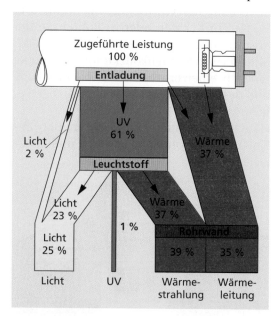

4. Nennen Sie Beispiele für Temperaturstrahler aus Natur und Technik! Gehen Sie jeweils auf die Art der Temperaturstrahlung ein!

5. Begründen Sie mit Eigenschaften der Temperaturstrahlung, warum man an heißen Sommertagen helle Bekleidung bevorzugen sollte!

6. Warum stattet man Kühlfahrzeuge und Tankwagen in der Regel mit hellen und glatten Oberflächen aus?

7. a) Entwickeln Sie eine einfache Versuchsanordnung, mit deren Hilfe Sie das Reflexionsvermögen von Stoffen bez. der Temperaturstrahlung vergleichen können! Neben zwei Thermometern stehen Ihnen Materialien mit unterschiedlichen Oberflächen (glatt, rau, hell, dunkel) zur Verfügung!
   b) Führen Sie die experimentelle Untersuchung durch! Formulieren Sie Ihr Untersuchungsergebnis!

8. Untersuchen Sie experimentell die Absorption von Temperaturstrahlung mit Hilfe eines Thermometers bei verschiedenen Bedingungen!

9. Durch einen Versuch soll der Absorptionsgrad von Plaste mit Hilfe mehrerer Folien, dem Tageslichtschreiber und einem Luxmeter experimentell bestimmt werden.
   a) Nehmen Sie eine Messreihe auf und stellen Sie diese grafisch dar!
   b) Interpretieren Sie das Diagramm!

10. Der Luftdruck an der Erdoberfläche ist der Schweredruck, den die Luft ausübt.
    a) Erläutern Sie diese Aussage!
    b) Wie kann man allgemein den Druck berechnen?
    c) Warum spüren wir in der Regel nichts vom Luftdruck?

11. a) Erkunden Sie, in welchen Grenzen der Luftdruck an der Erdoberfläche schwankt!

b) Welche Einflüsse haben Schwankungen des Luftdrucks auf den Menschen?

c) Erläutern Sie die Ursachen für Schwankungen des normalen Luftdrucks!

12. Erläutern Sie das thermodynamische Gleichgewicht am Beispiel
 a) einer eingeschalteten Heizplatte,
 b) eines in der Sonne stehenden Autos,
 c) eines Thermometers, das sich in der Sonne befindet!

13. Um die Solarkonstante an einem bestimmten Ort abzuschätzen, kann man die abgebildete einfache Versuchsanordnung verwenden.

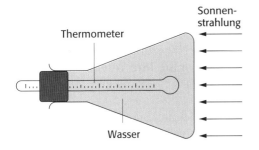

a) Entwickeln Sie eine Gleichung zur Bestimmung der Solarkonstanten!
b) Führen Sie eine Messung zur Bestimmung der Solarkonstanten durch!
c) Vergleichen Sie Ihr Ergebnis mit der auf S. 10 angegebenen Solarkonstanten! Erklären Sie den Unterschied!

14. Die Leuchtkraft der Sonne beträgt etwa $3{,}85 \cdot 10^{26}$ W. Der Begriff Leuchtkraft wird in der Astronomie verwendet. Physikalisch ist die Leuchtkraft eine Strahlungsleistung. Ermitteln Sie aus dieser Angabe die Solarkonstante
 a) für die Erde,
 b) für den Mars!
Vergleichen und interpretieren Sie die Ergebnisse!

15. Bei Sonneneinstrahlung bzw. Erwärmung schmilzt Schnee und Eis nicht gleichmäßig.
 a) Schnee schmilzt besonders schnell an den Stellen, an denen die Sonnenstrahlung senkrecht auftrifft (s. Abb.).

b) Eis schmilzt besonders schnell an den Stellen, an denen sich dunkle Gegenstände (Steine, eingefrorene Äste) befinden.
Erklären Sie diese Erscheinungen!

16. Ein Topf mit 2 l Wasser steht in der Sonne. Die Intensität der Sonnenstrahlung beträgt 0,8 kW/m². Etwa 30 % der auffallenden Sonnenstrahlung werden reflektiert, der Rest absorbiert. Die wirksame Fläche A beträgt ca. 1500 cm².

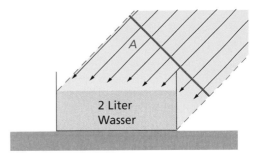

a) Wie viel Energie wird in jeder Sekunde absorbiert?
b) Die Temperatur des Wassers betrug ursprünglich 20 °C. Auf welche Temperatur würde es sich erwärmen, wenn es 3 Stunden in der Sonne steht? Diskutieren Sie das Ergebnis!

17. Die Oberflächentemperatur der Sonne kann auf unterschiedlichen Wegen bestimmt werden.
Eine Möglichkeit nutzt die experimentellen Bestimmung der Lichtwellenlänge mit der maximalen Intensität der Strahlung (λ_{max} = 530 nm), eine andere nutzt die Bestimmung der Solarkonstanten, die einen Wert von 1,36 kW/m^2 hat.
Berechnen Sie für beide Möglichkeiten die Oberflächentemperatur der Sonne! Vergleichen Sie die erhaltenen Werte und begründen Sie mögliche Abweichungen!

18. Die Aufnahme eines protostellaren Kerns als Frühform eines neuen Sterns im Sternbild Schlangenträger mit einer Infrarotkamera ergab ein Leuchtstärkemaximum bei λ_{max} = 2 · 10^{-4} m.
Berechnen Sie die Temperatur an der Oberfläche dieses entstehenden Sterns!

19. Sterne leuchten in unterschiedlichen Farben, z. B. Beteigeuze im Sternbild Orion rötlich, Capella im Sternbild Fuhrmann gelblich, Sirius im Sternbild Großer Hund weiß, Spika im Sternbild Jungfrau bläulich.

a) Welcher Zusammenhang besteht zwischen der Oberflächentemperatur und der Farbe eines Sterns?
b) Warum kann die genaue Oberflächentemperatur nicht nur aus der Farbe ermittelt werden?

c) In der Astronomie wird zur Bestimmung der Oberflächentemperatur der sogenannte Farbindex gemessen. Darunter versteht man das Verhältnis der Helligkeit in verschiedenen Wellenlängenbereichen. So beträgt zum Beispiel für den Stern Sirius das Verhältnis $I_{390\,nm} : I_{780\,nm}$ = 3 : 1
Beschreiben Sie, wie aus diesen Angaben die Oberflächentemperatur des Sirius bestimmt werden kann!
Hinweis: Nutzen Sie die grafische Darstellung des planckschen Strahlungsgesetzes.

20. Der Mond wirft so viel der auf ihn treffenden Sonnenstrahlung zurück, dass man bei Vollmond noch recht gut sehen kann. Führt diese Strahlung aber auch zu einer messbaren Erwärmung?
Führen Sie zur Beantwortung dieser Frage eine Näherungsrechnung durch und erläutern Sie Ihre vereinfachenden Annahmen!

21. a) Berechnen Sie die mittlere Temperatur auf dem Merkur, wenn sein Albedo (sofortige, aber diffuse Rückstrahlung) mit 6 % angenommen wird!
b) Berechnen Sie analog die mittlere Temperatur auf der Venus, wenn ihr Albedo aufgrund der dichten Wolkendecke mit 76 % gemessen wurde. Vergleichen Sie Ihr Ergebnis mit der wahren Temperatur von 460 °C und begründen Sie die Abweichung (Hinweis: 97 % CO_2-Gehalt in der Atmosphäre von Venus).

22. Von 1990 bis 1997 wurde in Deutschland der CO_2-Ausstoß um 12,5 % reduziert. Im Jahre 2005 soll gegenüber 1990 eine Reduzierung von 25 % erreicht werden.
a) Informieren Sie sich über den aktuellen Stand der Entwicklung! Nutzen Sie dazu auch das Internet!

b) Eine Analyse des Deutschen Instituts für Wirtschaftsforschung (DIW) kommt zu folgendem Ergebnis:

Die emissionssteigernden Effekte eines gestiegenen Pro-Kopf-Einkommens und einer gewachsenen Bevölkerung wurden überkompensiert durch die emissionsreduzierenden Wirkungen eines höheren Anteils emissionsarmer Energieträger sowie insbesondere aufgrund einer erheblich gesunkenen Energieintensität der Volkswirtschaft, d. h. einer rationelleren Energienutzung.

Stellen Sie in einer Übersicht emissionssteigernde und emissionsmindernde Faktoren gegenüber! Bewerten Sie die einzelnen Faktoren mit Blick auf die weitere Entwicklung!

23. Das Kreisdiagramm zeigt den CO_2-Ausstoß in Deutschland im Jahr 1997.

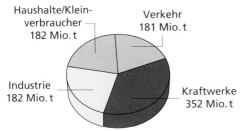

a) Wie groß sind die Prozentzahlen der einzelnen Anteile in Deutschland!

b) Diskutieren Sie Möglichkeiten der Reduzierung des CO_2-Ausstosses in den im Diagramm genannten Bereichen!

24. 1992 wurde auf der UNO-Konferenz „Umwelt und Entwicklung" eine Klimakonvention sowie ein Aktionsprogramm „Agenda 21" mit dem Ziel einer „nachhaltigen Entwicklung" getroffen.

a) Was versteht man unter „nachhaltiger Entwicklung"?

b) Informieren Sie sich über die getroffenen internationalen Vereinbarungen und die nationalen Festlegungen zur Reduzierung von Schadstoffemissionen! Bereiten Sie zu dem Thema einen Kurzvortrag vor!

c) Welche Beiträge kann jeder Einzelne zur Reduzierung von Schadstoffemission leisten? Stellen Sie dazu eine tabellarische Übersicht mit Möglichkeiten und Wirkungen zusammen!

25. Für das Anbringen von Sonnenkollektoren wird in Deutschland als die günstigste Variante die Südrichtung und 45° Neigung empfohlen. Begründen Sie, weshalb das die günstigste Variante ist!

26. Stellen Sie einen Überblick über die Nutzung regenerativer Energien in ihrer Region zusammen und geben Sie dabei jeweils an, welche geografischen Bedingungen den Einsatz begünstigen, welcher Verwendung die gewonnene Energie dient, wie hoch die Kosten sind und welche Förderprogramme unterstützend wirken!

27. In Diskotheken werden u. a. sogenannte Schwarzlichtlampen genutzt. Das sind Lampen, die nur ultraviolettes, aber kein sichtbares Licht aussenden und damit im Dunkeln weiße Kleidungsstücke zum bläulichen Fluoreszieren anregen.

Für solche Schwarzlichtlampen gibt es im Handel zwei unterschiedliche Ausführungen:

– Spezielle Glühlampen, die statt aus normalen Glas aus Quarzglas bestehen. Dieses absorbiert den sichtbaren Teil des erzeugten Lichtes und lässt den ultravioletten Anteil ungehindert hindurch.

– Spezielle Quecksilberdampflampen, bei denen auf die Leuchtschicht verzichtet wurde.

Begründen Sie, welcher Lampentyp effektiver ist!

Das Wichtigste im Überblick

Unter **Temperaturstrahlung** versteht man die elektromagnetische Strahlung, die ein Körper aufgrund seiner Temperatur an seine Umgebung abgibt.

Temperaturstrahlung besitzt Energie. Sie breitet sich in einem Stoff und im Vakuum geradlinig mit Lichtgeschwindigkeit aus.

Beim Auftreffen auf Körper wird Temperaturstrahlung z.T. reflektiert, z.T. absorbiert und z. T. hindurchgelassen.

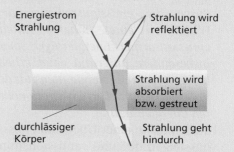

Körper nehmen Strahlung von anderen Körpern auf und geben zugleich Strahlung an andere Körper ab. Das gilt auch für die Erde.

Ein Körper befindet sich im **thermodynamischen Gleichgewicht**, wenn die Summe der aufgenommenen Energie gleich der Summe der abgegebenen Energie pro Zeiteinheit ist.

Die Erkenntnisse über die Strahlung von Körpern sind in einer Reihe von **Strahlungsgesetzen** zusammengefasst (Strahlungsgesetze von KIRCHHOFF, STEFAN und BOLTZMANN, WIEN und PLANCK).

Das **Strahlungsgesetz von STEFAN und BOLTZMANN** lautet für einen schwarzen Strahler:

$$P = \sigma \cdot A \cdot T^4$$

Für die von einem Körper auf die Umgebung übertragene **Strahlungsleistung** gilt:

$$P = \sigma \cdot A \cdot (T_K^4 - T_U^4)$$

Aus Untersuchungen zur Temperaturstrahlung entwickelte sich eine neue Theorie, die **Quantentheorie**.

Energie wird nur in Portionen (Quanten) aufgenommen oder abgegeben. Die Energie eines Quants kann berechnet werden mit der Gleichung:

$$E = h \cdot f \qquad h \quad \text{plancksches Wirkungsquantum}$$
$$f \quad \text{Frequenz der Strahlung}$$

Emission und Absorption von Strahlung durch die Erde und ihre Atmosphäre führen zu einem **natürlichen Treibhauseffekt**.

Dieser Effekt ist für die Entstehung und Entwicklung von Leben auf der Erde notwendig.

Der durch menschliche Tätigkeit hervorgerufene **zusätzliche** oder **anthropogene Treibhauseffekt** kann zu Klimaänderungen mit weitreichenden Folgen führen.

Derzeit bauen 15 Staaten die „Internationale Raumstation Alpha", unter ihnen auch Deutschland. Die fertige Station hat eine Länge von 88 m, eine Breite von 108 m und eine Masse von ca. 450 t. Sie wird die Erde in 400 km Höhe umkreisen. Mit großen Trägerraketen werden die Einzelteile der Station ins All transportiert und dort montiert. Um in die Erdumlaufbahn zu gelangen, müssen die Raketen eine Geschwindigkeit von über 28 000 km/h erreichen. Dazu sind gewaltige Kräfte notwendig, die durch Verbrennen von Treibstoff in den Triebwerken über das Rückstoßprinzip entwickelt werden.

In der Raumfahrttechnik werden eine Vielzahl von Erkenntnissen der Physik genutzt. Dazu gehören u. a. die Gesetze der Erhaltung, Umwandlung und Übertragung von Energie sowie die Zusammenhänge zwischen Kräften, Massen und Geschwindigkeiten.

Energie und Energieerhaltung

Was geschieht mit der Energie?

Aus Sicherheitsgründen haben PKW eine Knautschzone. Dadurch können bei Unfällen die Folgen für die Fahrzeuginsassen vermindert und schwere Schäden abgewendet werden. Die Wirksamkeit von Knautschzonen und charakteristische Unfallfolgen werden bei Crashtests untersucht.

Wovon ist die Energie eines schnell fahrenden PKW und seiner Insassen abhängig?
Welche Energieumwandlungen erfolgen bei einem Zusammenstoß?

Energie und Bewegung

Beim Abfahrtsablauf erreichen Skifahrer Geschwindigkeiten von über 100 km/h. In Kurven verringert sich die Geschwindigkeit, bei Schussfahrten vergrößert sie sich. Hinter dem Ziel bremst der Skifahrer auf einer kurzen Strecke bis zum Stillstand ab.

Welche Energieumwandlungen gehen vom Start bis zum Ziel vor sich?
Welche Arten von Arbeit werden verrichtet?
Welcher Zusammenhang besteht zwischen Energie und Arbeit?

Stahl in Kokillen

Um Stahl zu schmelzen und zum Glühen zu bringen, muss Wärme zugeführt werden. Der Stahl besitzt dann viel Energie. Der glühende Stahl wird in Kokillen gegossen und kühlt dort langsam ab.

Welche Wärme ist erforderlich, um 1 t Stahl zu schmelzen?
Was geschieht mit der im Stahl gespeicherten Energie beim Abkühlen?

Grundlagen

Energie und Energieerhaltung bei Bewegungsabläufen

Ein fallender Stein, ein fahrendes Auto, strömendes Wasser oder ein rotierendes Schwungrad besitzen Energie.

> Energie ist die Fähigkeit eines Körpers, mechanische Arbeit zu verrichten, Wärme abzugeben oder Licht auszusenden.
> Formelzeichen: E
> Einheit: 1 Joule (1 J)
> 1 Newtonmeter (1 Nm)

Energie und mechanische Arbeit haben dieselbe Einheit. Ein Körper hat eine Energie von 1 J, wenn er damit eine mechanische Arbeit von 1 Nm verrichten kann. Es gilt:

$$1\,\text{Nm} = 1\,\text{J}$$

Vielfache der Einheit 1 J sind 1 Kilojoule (1 kJ) und ein Megajoule (1 MJ). Es gilt:

$$1\,\text{MJ} = 1\,000\,\text{kJ} = 1\,000\,000\,\text{J}$$

Mechanische Energie kann in verschiedenen Formen auftreten.

Gehobene Körper, z. B. eine Last an einem Kranhacken, besitzen **potentielle Energie**.

> Die potentielle Energie eines gehobenen Körpers kann berechnet werden mit den Gleichungen:
>
> $E_{pot} = F_G \cdot h$ F_G Gewichtskraft
> $E_{pot} = m \cdot g \cdot h$ des Körpers
> h Höhe
> m Masse des Körpers
> g Fallbeschleunigung
>
>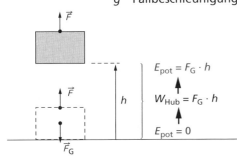
>
> $E_{pot} = F_G \cdot h$
> $W_{Hub} = F_G \cdot h$
> $E_{pot} = 0$

1 Ein bewegter Körper besitzt kinetische Energie. Sie kann z. B. in potentielle Energie und in thermische Energie umgewandelt werden.

Bewegte Körper (Abb. 1) besitzen **kinetische Energie**. Sie ist von der Masse und von der Geschwindigkeit des betreffenden Körpers abhängig.

> Die kinetische Energie eines bewegten Körpers kann berechnet werden mit der Gleichung:
>
> $E_{kin} = \dfrac{1}{2}\, m \cdot v^2$ m Masse des Körpers
> v Geschwindigkeit
>
>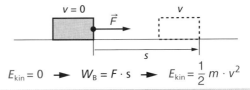
>
> $E_{kin} = 0$ → $W_B = F \cdot s$ → $E_{kin} = \dfrac{1}{2}\, m \cdot v^2$

Aus den vorhergehenden Betrachtungen wird deutlich, dass zwischen der Energie eines Körpers und der an ihm oder von ihm verrichteten mechanischen Arbeit ein enger Zusammenhang besteht.

> Die an einem Körper oder von einem Körper verrichtete mechanische Arbeit ist genauso groß wie die Änderung seiner mechanischen Energie.
>
> $$W = \Delta E_{mech}$$

Auch rotierende Körper besitzen kinetische Energie. Diese ist abhängig von der Drehzahl, von der Masse des rotierenden Körpers und von der Masseverteilung bezüglich der Drehachse.

Energieerhaltung in abgeschlossenen Systemen

Beim Herabfallen eines Steines, beim Hochwerfen eines Balles oder beim Abbremsen eines Autos gehen Energieumwandlungen vor sich. Um solche Vorgänge auch quantitativ beschreiben zu können, muss der Bereich, den man beschreibt, von seiner Umgebung abgegrenzt werden (Abb. 1).

> In der Physik wird ein von seiner Umgebung abgegrenzter Bereich als System bezeichnet.

1   Ein System und seine Umgebung

Nach der Art der Abgrenzung zwischen System und Umgebung unterscheidet man zwischen **offenen, geschlossenen** und **abgeschlossenen Systemen** (Abb. 2).
In einem abgeschlossenen System kann sich die Energie zwar von einer Form in andere Formen umwandeln oder von einem Körper auf andere Körper übertragen werden; die Gesamtenergie des Systems bleibt aber erhalten. Die Energie in einem abgeschlossenen System wird deshalb als **Erhaltungsgröße** bezeichnet.
Die Erkenntnis, dass Energie nicht verloren geht, wurde zuerst von dem deutschen Arzt JULIUS ROBERT MAYER (1814–1878) und von dem englischen Physiker JAMES PRESCOTT JOULE (1818–1889) entdeckt. Eine besonders klare Formulierung des allgemeinen **Energieerhaltungssatzes** stammt von HERMANN VON HELMHOLTZ (1821–1894):

> Energie kann weder erzeugt noch vernichtet werden. Sie kann nur von einer Form in andere Formen umgewandelt und von einem Körper auf andere Körper übertragen werden.
>
> $$\sum_{i=1}^{n} E_i = \text{konstant}$$
>
> $E_1, E_2\ldots$ verschiedene Energieformen

Geht man davon aus, dass bei mechanischen Vorgängen keine mechanische Energie in andere Energieformen umgewandelt wird, so gilt der **Energieerhaltungssatz der Mechanik** als spezieller Fall des oben genannten allgemeinen Energieerhaltungssatzes. Näherungsweise gilt dieser spezielle Energieerhaltungssatz z. B. für einen fallenden Stein, ein Fadenpendel oder einen Federschwinger für einen kurzen Zeitraum.

Art des Systems	Kennzeichen des Systems	Beispiel
offenes System	Systemgrenze ist durchlässig für Energie und Stoff	Motor eines PKW
geschlossenes System	Systemgrenze ist durchlässig für Energie und undurchlässig für Stoff	Kühlschrank, Wärmepumpe, Sonnenkollektor
abgeschlossenes System	Systemgrenze ist undurchlässig für Energie und Stoff	gut isoliertes, verschlossenes Thermogefäß

2   Offene, geschlossene und abgeschlossene Systeme in der Physik

In einem abgeschlossenen mechanischen System ist die mechanische Energie stets konstant:

$$E_{mech} = E_{pot} + E_{kin} = \text{konstant}$$

$$\Delta(E_{pot} + E_{kin}) = 0$$

E_{mech}	mechanische Energie
E_{pot}	potentielle Energie
E_{kin}	kinetische Energie

Untersucht man aber mechanische Vorgänge genauer, dann stellt man fest, dass sich im Allgemeinen die mechanische Energie verringert. Bei einem Fadenpendel oder einem Federschwinger nimmt die Amplitude allmählich ab. Beim Radfahren oder bei einem fahrenden Auto tritt Reibung auf. Dabei wird mechanische Energie in thermische Energie umgewandelt.

Für viele mechanische Vorgänge mit Reibung gilt unter der Bedingung eines abgeschlossenen Systems:

$$E_{ges} = E_{pot} + E_{kin} + E_{th} = \text{konstant}$$

Ein Perpetuum mobile

Viele Jahrhunderte lang versuchten Erfinder, eine Maschine zu konstruieren, die dauernd Energie abgibt, ohne dass ihr Energie zugeführt wird.

Die nebenstehende Abbildung 1 zeigt einen Vorschlag:
Ein Teil der Kugeln wirkt mit ihrer Gewichtskraft. Die Kugeln auf der geneigten Ebene wirken mit einer geringeren Kraft in der entgegengesetzten Richtung.
Die gesamte Kette soll sich ständig in Pfeilrichtung bewegen.

Eine solche Anordnung, die als Perpetuum mobile („sich unaufhörlich bewegend") bezeichnet wird, kann nicht funktionieren. Sie widerspricht dem Energieerhaltungssatz.

Der Energieerhaltungssatz ist ein grundlegender Erfahrungssatz. Nach ihm ist es auch nicht möglich, eine Maschine zu konstruieren, die ständig ohne Energiezufuhr mechanische Energie abgeben könnte. Eine solche Anordnung wird als **Perpetuum mobile 1. Art** bezeichnet. Man könnte den Energieerhaltungssatz auch folgendermaßen formulieren:

Ein Perpetuum mobile 1. Art ist nicht möglich.

Neben den Energieumwandlungen, z. B. der Umwandlung von potentieller in kinetische Energie bei einem fallenden Körper, treten auch Energieübertragungen von einem Körper auf einen anderen Körper auf.

Bei vielen Vorgängen in Natur und Technik erfolgen Energieumwandlungen und Energieübertragungen.

So wird z. B. beim Abschlag eines Golfballes Energie vom Schläger auf den Golfball übertragen.

Bereits im Jahre 1775 erklärten die Pariser Akademie der Wissenschaften und die Royal Society in London als die damals weltweit führenden wissenschaftlichen Einrichtungen, dass sie keinen Vorschlag für ein Perpetuum mobile mehr prüfen werden. Trotzdem hat es noch zahlreiche Versuche gegeben, ein Perpetuum mobile zu konstruieren.

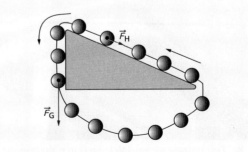

1 Vorschlag für ein Perpetuum mobile

Energie und Wärme

Bei vielen Vorgängen in Natur und Technik wird Wärme von einem Körper auf andere Körper übertragen. Das kann durch Wärmeleitung, Wärmeströmung (Konvektion) oder Wärmestrahlung erfolgen (Abb. 1, 2). Wird von einem Körper Wärme abgegeben, so verringert sich seine Energie. Die Energie des Körpers, auf den die Wärme übertragen wird, vergrößert sich dementsprechend (Abb. 3). Die Wärme ist somit ein Maß für die zugeführte oder abgegebene Energie.

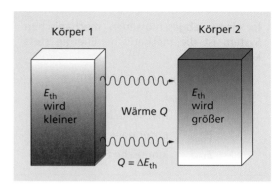

3 Energie wird durch Wärme von einem Körper auf einen anderen übertragen.

> Die Wärme gibt an, wie viel Energie von einem Körper auf einen anderen Körper übertragen wird.
> Formelzeichen: Q
> Einheit: 1 Joule   (1 J)

Vielfache der Einheit 1 J sind 1 Kilojoule (1 kJ) und ein Megajoule (1 MJ). Es gilt: 1 MJ = 1 000 kJ = 1 000 000 J.

1 Sonnenenergie wird durch Wärmestrahlung übertragen.

2 Bei Fernheizungen wird Wärme durch Wärmeströmung übertragen

Grundgleichung der Wärmelehre

Wird einem Körper in einem bestimmten Aggregatzustand Wärme zugeführt oder wird von ihm Wärme abgegeben, so ändert sich seine Temperatur.
Der Zusammenhang zwischen der Temperaturänderung eines Körpers und der von ihm aufgenommenen oder abgegebenen Wärme wird in der **Grundgleichung der Wärmelehre** erfasst.

> Unter der Bedingung, dass sich der Aggregatzustand eines Körpers nicht ändert, kann die von einem Körper abgegebene oder aufgenommene Wärme berechnet werden mit der Gleichung:
> $Q = c \cdot m \cdot \Delta T$ c spezifische Wärmekapazität
> m Masse des Körpers
> ΔT Differenz zwischen Endtemperatur und Anfangstemperatur

Die spezifische Wärmekapazität c ist eine Stoffkonstante. Sie gibt an, wie viel Wärme von 1 kg eines Stoffes abgegeben oder aufgenommen wird, wenn sich seine Temperatur um 1 K ändert. Um z. B. 1 kg Wasser um 1 K zu erwärmen, ist eine Energie von 4,19 kJ erforderlich.
Für Wasser gilt: $c = 4{,}19 \ \dfrac{\text{kJ}}{\text{kg} \cdot \text{K}}$

Die Bedeutung der spezifischen Wärmekapazität des Wassers

Von allen in der Natur vorkommenden Stoffen hat Wasser eine der größten spezifischen Wärmekapazitäten.

$c = 4{,}19$ kJ/(kg · K) bedeutet, dass 1 l Wasser eine Wärme von 4,19 kJ aufnimmt, wenn es um 1 K erwärmt wird. Bei einer Abkühlung von 1 K gibt das Wasser eine Wärme von 4,19 kJ ab.

Große Wassermengen, insbesondere Seen, Meere und Ozeane, haben erheblichen Einfluss auf das Klima.

1 Im Wasser ist Energie gespeichert.

Im Sommer wird vom Wasser bei Sonneneinstrahlung aufgrund der großen spezifischen Wärmekapazität des Wassers viel Wärme gespeichert. Im Herbst und Winter wird ein erheblicher Teil dieser Wärme an die Umgebung abgegeben. Es ist milder als im Binnenland. Im Frühjahr und Frühsommer erwärmt sich das Wasser erst allmählich. Der umgebenden Luft, die sich schneller erwärmt, wird Wärme entzogen. Dadurch entsteht insgesamt ein typisches Seeklima mit relativ milden Wintern und relativ kühlen Sommern. Beeinflusst wird das Klima in vielen Regionen auch durch gewaltige Meeresströmungen, z. B. durch den warmen Golfstrom. Auch in der Technik besitzt Wasser große Bedeutung. In Warmwasserheizungen wird genutzt, dass Wasser aufgrund seiner großen spezifischen Wärmekapazität viel Energie durch Wärme transportiert. Für die Kühlung von Motoren oder als Kühlmittel in Kraftwerken wird aus diesem Grunde ebenfalls Wasser verwendet.

Spezifische Wärmekapazität von Stoffen	
Stoff	c in $\dfrac{\text{kJ}}{\text{kg} \cdot \text{K}}$
Aluminium	0,90
Benzin	2,02
Beton	0,90
Blei	0,13
Eis (bei 0 °C)	2,09
Eisen (Stahl)	0,46
Glas	0,86
Heizöl	2,07
Holz (Eiche)	2,39
Kupfer	0,39
Luft	1,01
Petroleum	2,00
Porzellan	0,73
Quecksilber	0,14
Ziegelstein	0,86
Wasser	4,19
Wasserdampf	1,86
Zinn	0,23

Wärme bei Aggregatzustandsänderungen

Stoffe können sich in unterschiedlichen Aggregatzuständen befinden (Abb. 1, S. 38). Wird einem festen Körper Wärme zugeführt, so geht er bei seiner Schmelztemperatur in den flüssigen Aggregatzustand über (Abb. 2).

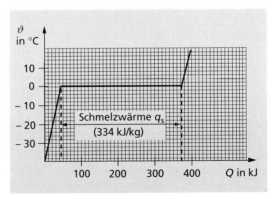

2 Temperatur-Wärme-Diagramm für das Schmelzen von 1 kg Eis

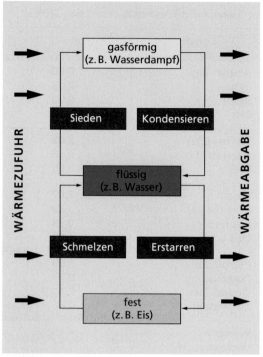

1 Aggregatzustände und ihre Änderungen

Schmelztemperatur ϑ_s und spezifische Schmelzwärme q_s einiger Stoffe		
Stoff	ϑ_s in °C	q_s in $\dfrac{kJ}{kg}$
Quecksilber	−39	12
Eis	0	334
Glycerin	18	201
Wachs	50	176
Zinn	232	59
Messing	320	168
Blei	327	25
Zink	419	105
Antimon	631	165
Aluminium	660	396
Kupfer	1 083	205
Eisen	1 540	275
Platin	1739	111
Wolfram	3387	193

Die Schmelzwärme für einen Körper kann berechnet werden mit der Gleichung:

$Q_s = q_s \cdot m$ q_s spezifische Schmelz-
                wärme
          m Masse des Körpers

Beim Erstarren eines Körpers wird diese Wärme wieder frei. Schmelzwärme und Erstarrungswärme sind für einen Körper gleich groß.
Wird einem flüssigen Körper Wärme zugeführt, so geht er bei seiner Siedetemperatur in den flüssigen Aggregatzustand über.

Die Verdampfungswärme Q_v kann unter der Bedingung, dass der Druck konstant ist, berechnet werden mit der Gleichung:

$Q_v = q_v \cdot m$ q_v spezifische
                Verdampfungswärme
          m Masse des Körpers

Beim Kondensieren wird diese Wärme wieder frei. Verdampfungswärme und Kondensationswärme sind für einen Körper gleich groß. Ein spezieller Fall ist das Verdunsten. Die zum Verdunsten notwendige Wärme wird der Umgebung entzogen.

Siedetemperatur ϑ_v und spezifische Verdampfungswärme q_v einiger Stoffe		
Stoff	ϑ_v in °C	q_v in $\dfrac{kJ}{kg}$
Stickstoff	−196	198
Sauerstoff	−183	214
Ammoniak	−33	1370
Dimethylether	35	384
Alkohol (Ethanol)	78	840
Wasser	100	2256
Speiseöl	200	–
Quecksilber	357	285
Zink	907	1802
Blei	1751	871
Silber	2180	2357
Gold	2707	1578
Eisen	3070	6322

Wärme bei der Verbrennung von Stoffen

Bei vielen Wärmequellen werden Brennstoffe verbrannt, um Wärme freizusetzen. Beim Gasherd nutzt man dazu Stadtgas, Erdgas oder Propan (Abb. 1).

Bei Warmwasserheizungen wird Heizöl oder Kohle verbrannt. Bei Kraftfahrzeugen verwendet man als Betriebsmittel Benzin oder Dieselkraftstoff.

Wie viel Wärme bei der Verbrennung von 1 kg oder 1 l oder 1 m^3 eines Stoffes frei wird, kennzeichnet der **Heizwert** des betreffenden Stoffes.

Der Heizwert eines Stoffes gibt an, wie viel Wärme frei wird, wenn 1 kg dieses Stoffes verbrannt wird.

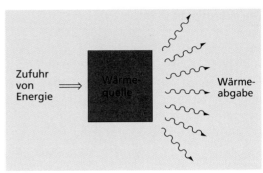

1 Energieumwandlungen bei einer Wärmequelle

> Die bei der Verbrennung eines Stoffes frei werdende Wärme kann berechnet werden mit der Gleichung:
>
> $Q = H \cdot m$ H Heizwert des Stoffes
>
> m Masse des Stoffes

Heizwert einiger Stoffe in MJ/kg	
Holz (trocken)	8 … 16
Braunkohle	8 … 15
Braunkohlenbriketts	20
Steinkohle	27 … 33
Benzin	44 … 53
Diesel	41 … 44
Heizöl	43
Spiritus	39
Stadtgas	28
Erdgas	42
Propan	47
Wasserstoff	133

Ist nicht die Masse des zu verbrennenden Stoffes, sondern sein Volumen angegeben, kann die frei werdende Wärme berechnet werden mit der Gleichung:

$$Q = H' \cdot V$$

H' ist der Heizwert in MJ/l oder MJ/m^3.

Grundgesetz des Wärmeaustausches

Schüttet man in einen Topf mit heißem Wasser eine bestimmte Menge kaltes Wasser, so mischt sich das heiße mit dem kalten Wasser. Das heiße Wasser gibt Wärme ab, das kalte Wasser nimmt Wärme auf. Für solche Vorgänge gilt das **Grundgesetz des Wärmeaustausches**.

> In einem abgeschlossenen System ist die von einem Körper abgegebene Wärme genauso groß wie die vom anderen Körper aufgenommene Wärme:
>
> $$Q_{ab} = Q_{zu}$$

Mit Hilfe dieses Gesetzes kann man z. B. die **Mischungstemperatur** zweier Wassermengen berechnen.

Haben die Wassermengen die Massen m_1 und m_2 sowie die Temperaturen ϑ_1 und ϑ_2, so gilt:

$$m_1 \cdot c\,(\vartheta_1 - \vartheta_m) = m_2 \cdot c\,(\vartheta_m - \vartheta_2)$$

Eine Umformung dieser Gleichung nach der Mischungstemperatur ϑ_m ergibt:

$$\vartheta_m = \frac{m_1 \cdot \vartheta_1 + m_2 \cdot \vartheta_2}{m_1 + m_2}$$

Die Wärmekapazität

Mischt man verschiedene Stoffe unterschiedlicher Temperatur, so erfolgt nicht nur ein Austausch von Wärme zwischen den beteiligten Stoffen, sondern auch zwischen den Stoffen und dem Gefäß, in dem die Mischung erfolgt (Abb. 1). Für genaue Messungen muss die Wärme, die ein Gefäß aufnimmt oder abgibt, berücksichtigt werden. Dazu nutzt man die **Wärmekapazität.**

> Die Wärmekapazität C gibt an, wie viel Wärme einem Körper zugeführt werden muss oder von ihm abgegeben wird, wenn sich seine Temperatur um 1 K ändert.
>
> $$C = \frac{Q}{\Delta T}$$
>
> Q zugeführte oder abgegebene Wärme
>
> ΔT Temperaturänderung

Besteht ein Körper aus einem *bestimmten* Stoff, so kann in der Gleichung für Q auch
$$Q = m \cdot c \cdot \Delta T$$
gesetzt werden. Damit erhält man für die Wärmekapazität des betreffenden Körpers:
$$C = m \cdot c$$

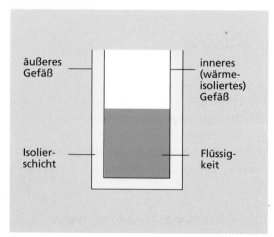

äußeres Gefäß

inneres (wärmeisoliertes) Gefäß

Isolierschicht

Flüssigkeit

1 Bei Experimenten zur Bestimmung von Mischungstemperaturen nutzt man Kalorimeter. Sie sind so gebaut, dass der Wärmeaustausch mit der Umgebung möglichst gering ist.

Energiebilanzen zur Bestimmung ausgewählter Größen

Die auf den vorhergehenden Seiten dargestellten Gesetze kann man nutzen, um physikalische Größen und insbesondere Stoffkonstanten zu ermitteln. Dabei ist stets zu prüfen, welches abgeschlossene System man betrachtet und welche Idealisierungen man vornimmt. Betrachten wir als Beispiel die Bestimmung der spezifischen Wärmekapazität eines festen Körpers.

Variante 1:

Ein metallischer Körper K wird in siedendem Wasser auf 100 °C erhitzt und dann in ein Kalorimeter mit Wasser gebracht. Die Wärmekapazität des Gefäßes wird vernachlässigt. Dann erhält man:

$$Q_{ab} = Q_{zu}$$

$$m_k \cdot c_k \, (\vartheta_k - \vartheta_m) = m_w \cdot c_w \, (\vartheta_m - \vartheta_w)$$

$$c_k = \frac{m_w \cdot c_w (\vartheta_m - \vartheta_w)}{m_k \cdot (\vartheta_k - \vartheta_m)}$$

Variante 2:

Der gleiche Versuch wird unter Berücksichtigung der Wärmekapazität des Kalorimeters durchgeführt. Dann nimmt nicht nur das Wasser im Kalorimetergefäß, sondern auch das Gefäß selbst Wärme auf. Folglich erhält man folgende Energiebilanz:

$$m_k \cdot c_k \, (\vartheta_k - \vartheta_m) = m_w \cdot c_w \, (\vartheta_m - \vartheta_w) + C(\vartheta_m - \vartheta_w)$$

$$c_k = \frac{(m_w \cdot c_w + C) \cdot (\vartheta_m - \vartheta_w)}{m_k \cdot (\vartheta_k - \vartheta_m)}$$

Ein Vergleich der beiden Gleichungen zeigt:

Gleiche Temperaturen vorausgesetzt, ergibt sich bei Variante 2 ein größerer und genauerer Wert für die spezifische Wärmekapazität c_K des metallischen Körpers.

Bei beiden Varianten wurde aber nicht die Wärme berücksichtigt, die z. B. aus der Öffnung des Gefäßes austritt. Es liegt somit nur näherungsweise ein abgeschlossenes System vor.

Anwendungen

Eine interessante Sportart

Trampolinspringen (Abb. 1) erfordert eine gute Körperbeherrschung. Das gilt vor allem dann, wenn man Überschläge oder einen Salto machen will.

Beschreiben Sie die Energieumwandlungen beim Trampolinspringen!

Welche Energieübertragungen gehen vor sich?

Beim Hochsteigen auf ein Podest vergrößert sich die potentielle Energie der Springerin gegenüber dem Trampolin. Sie hat auf dem Podest einen maximalen Wert.

Beim Herunterspringen vom Podest verkleinert sich die potentielle Energie, die kinetische Energie nimmt entsprechend zu. Trifft die Springerin auf das Trampolin, so verformt es sich.

Die kinetische Energie der Springerin wird kleiner und schließlich null, zugleich vergrößert sich die im Trampolin gespeicherte potentielle Energie entsprechend.

Im Weiteren wird die potentielle Energie des Trampolins in kinetische Energie der Springerin umgewandelt. Sie bewegt sich wieder nach oben.

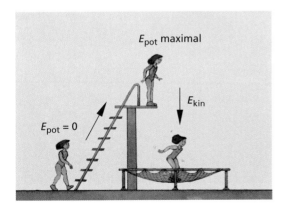

1 Beim Trampolinspringen erfolgen ständig Energieumwandlungen.

Beschreiben von Gegenständen, Erscheinungen oder Prozessen

Beim Beschreiben wird mit sprachlichen Mitteln zusammenhängend und geordnet dargestellt,
– wie ein Gegenstand oder eine Erscheinung beschaffen ist,
– wie Prozesse ablaufen,
– wie technische Geräte aufgebaut sind,
– welche Merkmale Körper besitzen.

Dabei werden in der Regel äußerlich wahrnehmbare Eigenschaften von Gegenständen, Erscheinungen und Prozessen dargestellt. Zumeist beschränkt man sich auf die im jeweiligen Zusammenhang wesentlichen Seiten der Gegenstände, Erscheinungen und Prozesse.

Es erfolgt also eine ständige Umwandlung **von potentieller in kinetische Energie** und umgekehrt:

$$E_{\text{pot}} \rightleftarrows E_{\text{kin}}$$

Die Energie wird dabei von der Springerin auf das Trampolin und vom Trampolin wieder auf die Springerin übertragen.

Durch Reibung wird ein Teil der mechanischen Energie in thermische Energie umgewandelt und an die Umgebung abgegeben.

Die Springerin (m = 60 kg) springt aus 2,0 m Höhe auf das Trampolin.

Wie groß ist ihre ursprüngliche potentielle Energie?

Welche Geschwindigkeit hat sie beim Auftreffen auf das Trampolin?

Analyse:

Die potentielle Energie ergibt sich aus der Masse und der Höhe der Springerin über dem Trampolin. Beim Herunterspringen wird die potentielle in kinetische Energie umgewandelt, wobei man die Umwandlung in andere Energieformen vernachlässigen kann.

Aus der Gleichung zur Berechnung der kinetischen Energie kann man die Geschwindigkeit beim Auftreffen auf das Trampolin ermitteln.

Eine andere Möglichkeit besteht darin, den Sprung aus 2,0 m Höhe als freien Fall zu betrachten und mit Hilfe der Gesetze des freien Falls die Geschwindigkeit zu berechnen.

Gesucht: E_{pot}
            v

Gegeben: $m = 60\,kg$
            $h = 2,0\,m$
            $g = 9,81\;m \cdot s^{-2}$

Lösung:

$$E_{pot} = m \cdot g \cdot h$$

$$E_{pot} = 60\,kg \cdot 9,81\,\frac{m}{s^2} \cdot 2,0\,m$$

$$E_{pot} = 1\,200\,Nm$$

Für die Berechnung der Geschwindigkeit gibt es zwei unterschiedliche Möglichkeiten.

1. Möglichkeit
Es wird davon ausgegangen, dass die gesamte potentielle Energie in kinetische Energie umgewandelt wird. Dann ergibt sich folgender Ansatz:

$$E_{pot} = E_{kin}$$

$$m \cdot g \cdot h = \frac{1}{2}\,m \cdot v^2 \quad | \cdot \frac{2}{m}$$

$$2\,g \cdot h = v^2$$

$$v = \sqrt{2\,g \cdot h}$$

$$v = \sqrt{2 \cdot 9,81\frac{m}{s^2} \cdot 2,0\,m}$$

$$v = 6,3\,\frac{m}{s}$$

2. Möglichkeit:
Die Bewegung wird als freier Fall aufgefasst. Es werden das Weg-Zeit-Gesetz und das Geschwindigkeit-Zeit-Gesetz angewendet:

$$v = g \cdot t \qquad \text{und} \qquad s = \frac{g}{2} \cdot t^2$$

$$v^2 = g^2 \cdot t^2 \qquad\qquad t^2 = \frac{2s}{g}$$

$$v^2 = g^2 \cdot \frac{2s}{g}$$

$$v^2 = 2\,g \cdot s$$

$$v = \sqrt{2\,g \cdot s}$$

Durch Einsetzen der Werte kommt man zum gleichen Ergebnis wie bei der 1. Möglichkeit.

Ergebnis:
Die ursprüngliche potentielle Energie beträgt etwa 1 200 Nm. Beim Sprung aus 2,0 m Höhe trifft die Springerin mit einer Geschwindigkeit von etwa 6 m/s auf das Trampolin.

Ein PKW wird beschleunigt

Wenn eine Ampel auf Rot steht, müssen Fahrzeuge vor dieser Ampel abbremsen (Abb. 1). Bei Grün fahren sie wieder an. Beim

1 Abbremsen und Anfahren von Autos vor Ampeln: Es wird Reibungsarbeit oder Beschleunigungsarbeit verrichtet.

Abbremsen und Anfahren ändert sich der Bewegungszustand der Fahrzeuge. Sie bewegen sich verzögert oder beschleunigt.
Wie groß ist die verrichtete Beschleunigungsarbeit, wenn ein PKW (m = 1 100 kg) aus dem Stand auf 50 km/h beschleunigt wird?
Welche Energieübertragungen gehen dabei vor sich?

Analyse:
Wenn ein PKW vor einer Ampel steht, ist seine kinetische Energie null. Bei einer Geschwindigkeit von 50 km/h hat er eine bestimmte kinetische Energie $E_{kin} > 0$. Diese kann aus seiner Geschwindigkeit und seiner Masse berechnet werden. Die Änderung der kinetischen Energie ist gleich der verrichteten Beschleunigungsarbeit.
Gesucht: W_B
Gegeben: $m =$ 1 100 kg
$\quad\quad\quad v \;=\;$ 50 km/h = 13,9 m/s

Lösung:
$$W = \Delta E$$
$$W = E_{kin,\,E} - E_{kin,\,A}$$
$$W = \frac{1}{2}\, m \cdot v^2 - 0$$
$$W = \frac{1}{2} \cdot 1\ 100\ \text{kg} \cdot 13,9^2\ \frac{\text{m}^2}{\text{s}^2}$$
$$\underline{W = 110\ 000\ \text{Nm}}$$

Ergebnis:
Zum Beschleunigen des PKW ist eine Arbeit von etwa 110 kJ erforderlich. Darüber hinaus wird auch noch Reibungsarbeit verrichtet, so dass die vom Motor verrichtete Arbeit größer sein muss als die berechnete Beschleunigungsarbeit. Die chemische Energie des Treibstoffs (Benzin oder Diesel) wird beim Verbrennen in thermische und mechanische Energie umgewandelt. Die mechanische Energie wird auf die Räder übertragen. Das Auto beschleunigt, seine kinetische Energie vergrößert sich. Die entstehende thermische Energie wird an die Umgebung abgegeben.

Bungee-Springen – Leben an einem Gummiseil

Beim Bungee-Springen springt ein Sportler von einer Plattform in die Tiefe, wird dabei nur von einem Gummiseil abgesichert und wieder in die Höhe geschleudert (Abb. 1). Zuvor wird die Plattform mit der Person von einem Kran um 20 m gehoben. Plattform und Sportler wiegen zusammen 500 kg.
Welche mechanische Arbeit muss der Motor des Kranes zum Heben der Plattform mit Sportler mindestens verrichten?
Warum ist die vom Motor tatsächlich verrichtete Arbeit größer?
Welche Geschwindigkeit erreicht ein Bungee-Springer der Masse 85 kg, wenn er 10 m frei gefallen ist?

Analyse:
Beim Heben der Plattform mit Sportler verrichtet der Motor des Kranes Hubarbeit. Dadurch wird die potentielle Energie von Plattform und Sportler erhöht. Beim Sprung eines Sportlers in die Tiefe wird seine potentielle Energie in kinetische Energie umgewandelt. Sieht man dabei von anderen Energieumwandlungen ab, so ist nach dem Gesetz von der Erhaltung der Energie die Summe aus potentieller und kinetischer Energie konstant. Die gesamte potentielle Energie wird in kinetische Energie umgewandelt. Daraus kann die Fallgeschwindig-

1 Kran mit Bungee-Springer

keit des Sportlers in der Tiefe h_2 berechnet werden, wenn man davon ausgeht, dass der Sportler keine Anfangsgeschwindigkeit hat.

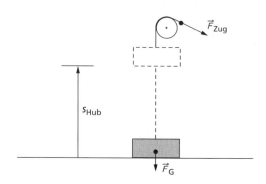

Gesucht: W_{Hub}
v

Gegeben: $m_1 = 500\,\text{kg}$
$h_1 = 20\,\text{m}$
$m_2 = 85\,\text{kg}$
$h_2 = 10\,\text{m}$
$g = 9{,}81\,\dfrac{\text{m}}{\text{s}^2}$

Lösung:
Die Hubarbeit kann berechnet werden mit der Gleichung:

$$W_{Hub} = F_G \cdot h_1 \qquad F_G = m_1 \cdot g$$

$$W_{Hub} = m_1 \cdot g \cdot h_1$$

$$W_{Hub} = 500\,\text{kg} \cdot 9{,}81\,\frac{\text{m}}{\text{s}^2} \cdot 20\,\text{m}$$

$$\underline{W_{Hub} = 98\,000\,\text{Nm}}$$

Für den Sprung des Sportlers in die Tiefe gilt das Gesetz von der Erhaltung der Energie in der Form:

$$\Delta E_{kin} = \Delta E_{pot}$$

$$\frac{1}{2}\,m_2 \cdot v^2 = m_2 \cdot g \cdot h_2 \qquad |\cdot 2\;| : m_2$$

$$v^2 = 2 \cdot g \cdot h_2$$

$$v = \sqrt{2 \cdot g \cdot h_2}$$

$$v = \sqrt{2 \cdot 9{,}81\,\frac{\text{m}}{\text{s}^2} \cdot 10\,\text{m}}$$

$$\underline{v = 14\,\frac{\text{m}}{\text{s}} = 50{,}4\,\frac{\text{km}}{\text{h}}}$$

Ergebnis:
Durch den Motor des Kranes muss eine Arbeit von mindestens 98 000 Nm aufgewendet werden, um die Plattform mit den Sportlern zu heben. Tatsächlich muss die verrichtete Arbeit des Motors größer sein, weil neben der Plattform auch noch das Seil zu heben und Reibung an verschiedenen Stellen zu überwinden ist. Beim Sprung in die Tiefe hat der Sportler nach 10 m eine Fallgeschwindigkeit von etwa 50 km/h erreicht. Aus der Gleichung für die Fallgeschwindigkeit ist erkennbar, dass diese nicht von der Masse des fallenden Körpers abhängig ist.

Anfahren kostet viel Energie

Beim Anfahren an einer Kreuzung wird ein LKW, der voll beladen eine Gesamtmasse von 3 800 kg hat, in 18 s aus dem Start heraus auf 60 km/h beschleunigt.
Wie viel Energie, die durch Verbrennung von Dieselkraftstoff freigesetzt wird, benötigt man allein für die Beschleunigung des Fahrzeugs?

1 Lastkraftwagen beim Anfahren

Analyse:
Ein Teil der Energie des Diesels wird in kinetische Energie des Autos umgewandelt. Es wird Beschleunigungsarbeit verrichtet. Damit kann das Gesetz von der Erhaltung der Energie oder die Beziehung zwischen Arbeit und Energie angewendet werden.

Gesucht: ΔE_{kin}

Gegeben: $m = 3\,800\ \text{kg}$

$t = 18\ \text{s}$

$v = 60\ \dfrac{\text{km}}{\text{h}} = 16,7\ \dfrac{\text{m}}{\text{s}}$

Lösung:
1. Lösungsmöglichkeit:

$$E_{\text{Diesel}} = \Delta E_{kin};\ \Delta E_{kin} = \frac{1}{2}\ m \cdot v^2$$

$$E_{\text{Diesel}} = \frac{1}{2}\ m \cdot v^2$$

$$E_{\text{Diesel}} = \frac{1}{2}\ \cdot 3\,800\ \text{kg} \cdot 16,7^2\ \frac{\text{m}^2}{\text{s}^2}$$

$$\underline{E_{\text{Diesel}} = 530\ \text{kJ}}$$

2. Lösungsmöglichkeit:

$$\Delta E_{\text{Diesel}} = W_B,\quad W_B = F_B \cdot s$$

Bedingung: Kraft in Wegrichtung, gleichmäßig beschleunigte geradlinige Bewegung

$$\Delta E_{\text{Diesel}} = F_B \cdot s \qquad F_B = m \cdot a$$

$$\Delta E_{\text{Diesel}} = m \cdot a \cdot s \qquad s = \frac{1}{2}\ a \cdot t^2$$

$$\Delta E_{\text{Diesel}} = m \cdot a \cdot \frac{1}{2}\ a \cdot t^2$$

$$\Delta E_{\text{Diesel}} = \frac{1}{2}\ m \cdot a^2 \cdot t^2 \qquad a = \frac{v}{t}$$

$$\Delta E_{\text{Diesel}} = \frac{1}{2}\ m \cdot \frac{v^2}{t^2} \cdot t^2$$

$$\Delta E_{\text{Diesel}} = \frac{1}{2}\ m \cdot v^2$$

$$\underline{\Delta E_{\text{Diesel}} = 530\ \text{kJ}}$$

Ergebnis:
Für die Beschleunigung des LKW auf 60 km/h wird eine Energie von ca. 530 kJ benötigt, die bei der Verbrennung von Dieselkraftstoff freigesetzt wird.

Wie viel Energie braucht ein Mensch?

Bergsteigen oder Bergwandern (Abb. 1) sind beliebte Sportarten, können aber auch sehr anstrengend sein. Man muss deshalb ausreichend Nahrungsmittel und Getränke zu sich nehmen, damit die notwendige Energie für den **Grundumsatz** und für die zum Aufsteigen erforderliche Arbeit vorhanden ist. Der Grundumsatz ist zur Aufrechterhaltung aller Lebensfunktionen erforderlich. Er beträgt im Durchschnitt 80 W. Der Wirkungsgrad des Menschen kann beim Bergwandern mit etwa 15 % angenommen werden.
Welche Energieumwandlungen und -übertragungen gehen beim Bergaufsteigen vor sich?

Mit der Nahrung hat der Mensch hochwertige Energie in Form von Fetten, Eiweißen und Kohlenhydraten zu sich genommen. Die Nahrung wird in komplizierten chemischen Prozessen z. T. in körpereigene Stoffe umgewandelt, die ihrerseits als Energiespender dienen. Diese Energie ist einerseits notwendig zur Aufrechterhaltung der Lebensfunktionen, andererseits ermöglicht sie uns, Arbeit zu verrichten, also z. B. unseren Körper zu heben und beim Bergaufsteigen seine potentielle Energie zu vergrößern. Insgesamt wird damit Energie von der Nahrung auf den Menschen übertragen. Der

1 Die Lebensprozesse des Menschen können nur durch ständige Energieumwandlungen und -übertragungen aufrechterhalten werden.

Mensch sichert damit seine Lebensfunktionen und kann Arbeit verrichten. Ein Teil der Energie wird an die Umgebung abgegeben. *Wie viel Energie muss ein Mensch (m = 70 kg) aufnehmen, um in genau 3 Stunden einen Höhenunterschied von 1 000 m zu überwinden?*

Analyse:
In die Betrachtungen sind die Energie zur Aufrechterhaltung der Lebensfunktionen und die Änderung der potentiellen Energie einzubeziehen, wobei beim Letzteren der Wirkungsgrad zu beachten ist.

Gesucht: E
Gegeben: Grundumsatz $P = 80\,\text{W}$
$\qquad\quad m = 70\,\text{kg}$
$\qquad\quad h = 1\,000\,\text{m}$
$\qquad\quad \eta = 0{,}15$
$\qquad\quad t = 3\,\text{h} = 10\,800\,\text{s}$

Lösung:
Die Energie für die Aufrechterhaltung der Lebensfunktionen (Grundumsatz) erhält man aus:
$$E_1 = P \cdot t$$
$$E_1 = 80\,\text{W} \cdot 10\,800\,\text{s}$$
$$E_1 = 860\,\text{kJ}$$
Für die Änderung der potentiellen Energie ergibt sich:
$$\Delta E_{\text{pot}} = E_{\text{pot, E}} - E_{\text{pot, A}}$$
$$\Delta E_{\text{pot}} = m \cdot g \cdot h - 0$$
$$\Delta E_{\text{pot}} = 70\,\text{kg} \cdot 9{,}81\,\text{m/s}^2 \cdot 1\,000\,\text{m}$$
$$\Delta E_{\text{pot}} = 690\,\text{kJ}$$
Um diese Energie zur Verfügung zu haben, muss der Mensch aufgrund des geringen Wirkungsgrades eine wesentlich größere Menge Energie aufnehmen:
$$\eta = \frac{E_{\text{nutz}}}{E_{\text{zu}}} \quad \text{und damit}$$
$$E_{\text{zu}} = \frac{E_{\text{nutz}}}{\eta}$$
$$E_{\text{zu}} = \frac{690\,\text{kJ}}{0{,}15}$$
$$E_{\text{zu}} = 4\,600\,\text{kJ}$$

Die insgesamt erforderliche Energie beträgt somit:
$$E = E_1 + E_{\text{zu}}$$
$$E = 860\,\text{kJ} + 4\,600\,\text{kJ}$$
$$E = 5\,460\,\text{kJ}$$

Ergebnis:
Um in 3 Stunden einen Höhenunterschied von 1 000 m zu überwinden, ist eine Energie von etwa 5,5 MJ erforderlich. Als durchschnittlicher Wert für den Energiebedarf eines Menschen in 24 Stunden wird meist ein Wert von 10 MJ angegeben.

Energieumwandlungen, Energieübertragungen und Wirkungsgrad

Die Zusammenhänge zwischen der einem Gerät, einer Anlage oder einem Lebewesen zugeführten Energie, den Energieumwandlungen und -übertragungen lassen sich allgemein mit Hilfe des folgenden Schemas darstellen:

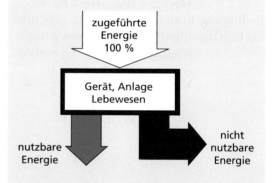

Das Verhältnis von nutzbarer und zugeführter Energie ist der Wirkungsgrad:
$$\eta = \frac{E_{\text{nutz}}}{E_{\text{zu}}}$$

Er beträgt bei technischen Anordnungen und Geräten zwischen 5 % (Glühlampe) bis über 90 % (Generator, Transformator). Der Wirkungsgrad des Menschen ist maximal 30 %, beim Schwimmen aber z. B. nur 3 %.

Immer cool bleiben

Juice, Cola und andere Getränke schmecken am besten, wenn sie kalt sind. Deshalb wird das Getränk in den Kühlschrank gestellt oder man gibt Eiswürfel in das Getränk (Abb. 1). In diesem Fall verringert sich die Temperatur des Getränks nur langsam.
Wie verändert sich die Temperatur eines Getränks, wenn Eiswürfel zugegeben werden und gut umgerührt wird?

1 Mischung von Eis und Limonade: Das Eis schmilzt, die Temperatur der Limonade sinkt.

Das Getränk hat zunächst Zimmertemperatur. Gibt man Eiswürfel hinzu und rührt gut um, bildet sich ein Flüssigkeit-Eis-Gemisch. Die Eiswürfel beginnen zu schmelzen. Dazu muss dem Eis Wärme zugeführt werden, die der Flüssigkeit entzogen wird.
Ist das Eis vollständig geschmolzen, erwärmt sich das Getränk allmählich wieder. Die dafür erforderliche Wärme stammt aus der Umgebung des Glases.
Wie viel Wärme ist erforderlich, um 20 g Eis von 0 °C zu schmelzen?

Analyse:
Damit das Eis schmilzt, muss ihm Wärme zugeführt werden. Die für das Schmelzen erforderliche Wärme ergibt sich aus der spezifischen Schmelzwärme von Eis und der Masse des Eises. Wir gehen davon aus, dass das Eis eine Temperatur von 0 °C hat.

Gesucht: Q_s

Gegeben: $m_{Eis} = 20\,g = 0{,}02\ kg$

$q_{s,\,Eis} = 334\ \dfrac{kJ}{kg}$

Lösung: $Q_s = q_{s,\,Eis} \cdot m_{Eis}$

$Q_s = 334\ \dfrac{kJ}{kg} \cdot 0{,}02\,kg$

$\underline{Q_s \approx 6{,}7\,kJ}$

Ergebnis:
Um 20 g Eis zu schmelzen, ist eine Wärme von 6,7 kJ erforderlich.

Um wie viel Grad kühlen sich 200 g Wasser ab, wenn dem Wasser diese Wärme von 6,7 kJ entzogen wird?

Analyse:
Wenn Wasser Wärme entzogen wird, verringert sich seine Temperatur. Es gilt die Grundgleichung der Wärmelehre.

Gesucht: ΔT

Gegeben: $m = 200\,g = 0{,}2\ kg$

$c = 4{,}19\ \dfrac{kJ}{kg \cdot K}$

$Q = 6{,}7\ kJ$

Lösung: Aus $Q = c \cdot m \cdot \Delta T$ erhält man

$\Delta T = \dfrac{Q}{c \cdot m}$

$\Delta T = \dfrac{6{,}7\ kJ}{4{,}19\ \dfrac{kJ}{kg \cdot K} \cdot 0{,}2\ kg}$

$\underline{\Delta T = 8\ K}$

Ergebnis:
Werden 200 g Wasser eine Wärme von 6,7 kJ entzogen, dann kühlt es sich um 8 K ab.

Wasser als Wärmespeicher

Aufgrund seiner großen spezifischen Wärmekapazität ist Wasser ein guter Wärmespeicher. Das macht sich vor allem in der Nähe großer Wasserflächen bemerkbar. Die Talsperre Hohenwarte (Abb. 1) hat ein Fassungsvermögen von 182 Mio. m³ Wasser. *Wie viel Wärme gibt das Wasser dieser Talsperre ab, wenn sich seine durchschnittliche Temperatur um 3 K verringert?*

Analyse:
Wenn sich der Aggregatzustand des Stoffes nicht ändert, kann die abgegebene Wärme nach der Grundgleichung der Wärmelehre berechnet werden. Die Masse des Wassers lässt sich aus Volumen und Dichte ermitteln.

Gesucht: $\quad Q$
Gegeben: $\quad c = 4{,}19 \dfrac{\text{kJ}}{\text{kg} \cdot \text{K}}$

$\qquad\qquad V = 182 \cdot 10^6\,\text{m}^3$

$\qquad\qquad \Delta T = 3\,\text{K}$

$\qquad\qquad \rho = 1\,\dfrac{\text{g}}{\text{cm}^3} = 1\,000\,\dfrac{\text{kg}}{\text{m}^3}$

Lösung:

$$Q = c \cdot m \cdot \Delta T \qquad\qquad \rho = \frac{m}{V}$$

$$m = \rho \cdot V$$

$$Q = c \cdot \rho \cdot V \cdot \Delta T$$

1 Die Talsperre Hohenwarte staut die Saale zu einem See mit einem Fassungsvermögen von 182 Mio. m³ auf. Das gestaute Wasser besitzt potentielle Energie.

$$Q = 4{,}19\,\frac{\text{kJ}}{\text{kg} \cdot \text{K}} \cdot 1\,000\,\frac{\text{kg}}{\text{m}^3} \cdot 182 \cdot 10^6\,\text{m}^3 \cdot 3\,\text{K}$$

$$Q = 2{,}3 \cdot 10^{12}\,\text{kJ}$$

Ergebnis:
Bei einer Temperaturverringerung von 3 K gibt das Wasser der Talsperre Hohenwarte eine Wärme von $2{,}3 \cdot 10^{12}$ kJ ab.
Wie lange müsste man den Heizkessel eines Einfamilienhauses ($P_{th} = 40\,kW$) betreiben, um diese Wärme zu erzeugen?

Eine thermische Leistung von 40 kW bedeutet, dass in jeder Sekunde eine Wärme von 40 kJ abgegeben wird.
Eine Wärme von $2{,}3 \cdot 10^{12}$ kJ wird dann abgegeben in:

$$t = \frac{2{,}3 \cdot 10^{12}\,\text{kJ}}{40\,\text{kJ/s}}$$

$$t = 5{,}8 \cdot 10^{10}\,\text{s}$$

Um eine Wärme von $2{,}3 \cdot 10^{12}$ kJ abzugeben, müsste der Heizkessel eines Hauses $5{,}8 \cdot 10^{10}$ s, das sind etwa 1 840 Jahre, betrieben werden.

Bestimmung der spezifischen Verdampfungswärme

Die spezifische Verdampfungswärme ist eine wichtige Stoffkonstante. Man muss sie kennen, um z. B. die Wärme bestimmen zu können, die zum Verdampfen einer bestimmten Menge eines Stoffes erforderlich ist oder die beim Kondensieren des Stoffes frei wird. Ein besonders wichtiger und häufig auftretender Stoff ist das Wasser.
Wie könnte man experimentell die spezifische Verdampfungswärme von Wasser bestimmen?

Für die Verdampfungswärme gilt die Beziehung $Q_v = q_v \cdot m$, wobei q_v die spezifische Verdampfungswärme des Stoffes und m seine Masse sind. Für die spezifische Verdampfungswärme erhält man dann:

$$q_v = \frac{Q_v}{m}$$

Um q_v zu bestimmen, muss die Wärme Q_v ermittelt werden, die zum Verdampfen einer bestimmten Menge Wasser erforderlich ist. Dazu kann man eine Versuchsanordnung nutzen, wie sie in Abb. 1 dargestellt ist.

In einem Becherglas, dass zur Wärmedämmung in einem etwas größeren Becherglas steht, befindet sich eine bestimmte Wassermenge. Die Bechergläser stehen auf einer grob austarierten Waage. In das Becherglas werden zusätzlich einige Milliliter Wasser geschüttet und der Tauchsieder bekannter Leistung eingeschaltet.

Das Wasser im Becherglas erwärmt sich und beginnt zu sieden. Dabei verdampft Wasser. Das führt dazu, dass nach einiger Zeit die Waage ins Gleichgewicht kommt.

Wenn sie im Gleichgewicht ist, wird zum Becherglas ein Wägestück mit der Masse m gelegt. Damit befindet sich die Waage nicht mehr im Gleichgewicht. Zugleich wird mit der Messung der Zeit begonnen.

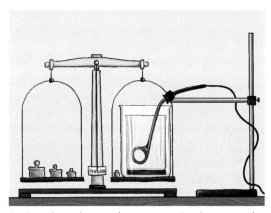

1 Experimentieranordnung zur Bestimmung der spezifischen Verdampfungswärme von Wasser

Nach einiger Zeit ist so viel Wasser verdampft, dass die Waage wieder ins Gleichgewicht kommt. Wenn sie wieder im Gleichgewicht ist, wird die Zeitmessung beendet.
Die Masse des verdampften Wasser ist dann gleich der Masse m des Wägestückes, das man zu Beginn der Messung zum Becherglas gelegt hat.
Die dem Wasser zugeführte Wärme kann man aus der Leistung des Tauchsieders und der gemessenen Zeit ermitteln, denn es gilt:

$$W_{el} = P_{el} \cdot t = U \cdot I \cdot t$$

Da die elektrische Arbeit angibt, wie viel elektrische Energie in andere Energieformen umgewandelt wird, kann man näherungsweise $W_{el} = Q$ setzen.
Wie groß ist die spezifische Verdampfungswärme von Wasser, wenn der Tauchsieder eine Leistung von 300 W hat und 20 g Wasser in 155 s verdampfen?

Nach den obigen Überlegungen kann die spezifische Verdampfungswärme berechnet werden mit der Gleichung:

$$q_v = \frac{P_{el} \cdot t}{m}$$

Alle drei Größen können gemessen werden bzw. sind bekannt.

Gesucht: q_v
Gegeben: $P_{el} = 300\,\text{W}$
         $t = 155\,\text{s}$
         $m = 20\,g$

Lösung: $q_v = \dfrac{P_{el} \cdot t}{m}$

         $q_v = \dfrac{300\,\text{W} \cdot 155\,\text{s}}{20\,\text{g}}$

         $q_v = 2\,325\,\dfrac{\text{J}}{\text{g}} = 2\,325\,\dfrac{\text{kJ}}{\text{kg}}$

Ergebnis:
Der ermittelte Wert von 2 325 kJ/kg stimmt gut mit dem Tabellenwert von 2 260 kJ/kg überein.

Aufgaben

1. Welche Arten mechanischer Arbeit werden bei folgenden Vorgängen verrichtet? Wie ändert sich die Energie?
   a) Ein PKW erhöht durch Beschleunigen seine Geschwindigkeit.
   b) Ein Radfahrer fährt gleichförmig.
   c) Ein Kind steigt eine Leiter hinauf.
   d) Ein Handwerker biegt ein Rohr.

2. Nennen Sie Beispiele für Beschleunigungsarbeit, Hubarbeit, Federspannarbeit und Reibungsarbeit aus Ihrem Erfahrungsbereich! Erläutern Sie, welche Kräfte dabei wirken und welche Wege zurückgelegt werden! Gehen Sie auch auf die Energieänderungen ein!

3. Mit einem Skilift fahren Sportler den Berg hinauf (s. Abb.). Anschließend fahren sie mit den Skiern den Berghang hinab.

   a) Welche Arten von Arbeit werden dabei verrichtet?
   b) Welche Energieumwandlungen treten auf?

4. Zwei Schüler gehen nebeneinander eine Treppe hoch.
   a) Unter welchen Bedingungen verrichten sie die gleiche mechanische Arbeit?
   b) Welche Aussage kann man dann über die Energieänderungen treffen? Begründen Sie!

5. Welche Energieformen besitzen die auf den Fotos rechts oben abgebildeten Körper? Begründen Sie Ihre Aussagen!

6. Wie groß ist die potentielle Energie
   a) einer 1-l-Flasche Wasser in 1 m Höhe,
   b) eines Dachziegels ($m = 1{,}3$ kg) in 7 m Höhe,
   c) eines Passagierflugzeuges ($m = 120$ t) in 8 000 m Höhe?

7. Wie groß ist die kinetische Energie
   a) eines Sprinters ($m = 75$ kg) bei 10 m/s,
   b) eines Geschosses ($m = 7{,}5$ g) bei einer Geschwindigkeit von 800 m/s,
   c) eines PKW ($m = 1\,200$ kg) bei Autobahnrichtgeschwindigkeit (130 km/h)?

8. Ein Hubschrauber ($m = 5\,600$ kg) fliegt in 250 m Höhe mit einer Geschwindigkeit von 180 km/h.
   a) Vergleichen Sie seine potentielle und seine kinetische Energie!
   b) Geben Sie eine Kombination von Höhe und Geschwindigkeit an, bei der die beiden Arten mechanischer Energie gleich groß sind!

9. Geben Sie jeweils an, welche Energieumwandlungen erfolgen:
   a) Pendel einer Pendeluhr,
   b) Kind auf einer Schaukel,
   c) springender Ball,
   d) senkrecht nach oben geworfener Stein!

10. Beschreiben Sie, welche Energieumwandlungen und -übertragungen bei den dargestellten Vorgängen vor sich gehen!

11. Die Skizzen zeigen ein Fadenpendel (A), einen vertikalen Federschwinger (B) und einen horizontalen Federschwinger (C).
   a) Beschreiben Sie jeweils die Energieumwandlungen!

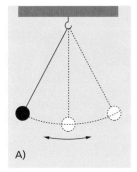 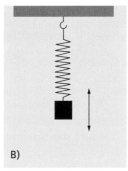

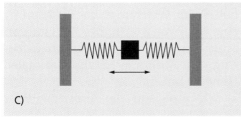

   b) Leiten Sie für jedes der drei Pendel eine Gleichung zur Bestimmung der maximalen Geschwindigkeit des Pendelkörpers her!

12. Ein Rammbär dient dazu, um z. B. Pfähle in den Erdboden zu bringen. Dazu wird ein Körper großer Masse in eine bestimmte Höhe gehoben und fällt dann frei auf den Pfahl (s. Skizze).

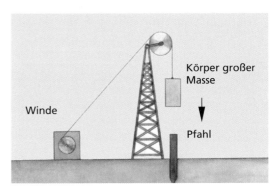

   a) Beschreiben Sie die Energieumwandlungen und -übertragungen, die bei einem Rammbär vor sich gehen!
   b) Wie groß ist die potentielle Energie des 850 kg schweren Körpers, wenn er auf eine Höhe von 3,5 m gehoben wird?
   c) Mit welcher Geschwindigkeit trifft er dann auf den Pfahl?

13. Die Abbildung zeigt ein landendes Flugzeug.

Beschreiben Sie die Energieumwandlungen, die
   a) bei einem startenden Flugzeug,
   b) bei einem landenden Flugzeug vor sich gehen!
Im Anfangs- und im Endzustand steht das Flugzeug.

14. Ebbe und Flut können für die Gewinnung von Elektroenergie genutzt werden. Das größte Gezeitenkraftwerk der Welt existiert bei St. Malo in Frankreich. Hier wurde eine 22 km² große Bucht durch einen Damm abgeriegelt. 24 Turbinen liefern eine Leistung von 240 MW. Die Skizzen zeigen die prinzipielle Wirkungsweise.

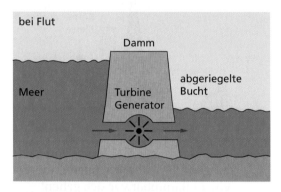

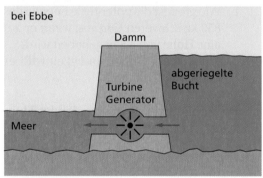

Erklären Sie die Wirkungsweise eines Gezeitenkraftwerkes!
Gehen Sie dabei auf Energieumwandlungen und -übertragungen ein!

15. Beim Stabhochsprung ermöglichen Glasfiberstäbe das Überspringen von mehr als 6 m Höhe.
a) Beschreiben Sie Energieübertragungen und -umwandlungen bei einem Stabhochsprung vom Beginn des Anlaufs bis zur Landung des Springers!
b) Einer der weltbesten Springer, der Russe SERGEJ BUBKA, erreichte bei 5,26 m Stablänge eine Höhe von 5,85 m. BUBKA ist 1,84 m groß, seine Masse beträgt 77 kg. Als maximale Anlaufgeschwindigkeit wurde bei dem Sprung v = 9,8 m/s gemessen. Berechnen Sie seine maximale kinetische Energie!
c) Welche Höhe des Körperschwerpunktes wäre mit dieser Energie erreichbar, wenn sich der Körperschwerpunkt beim Absprung 1,05 m über dem Erdboden befand?
d) Vergleichen Sie mit der tatsächlich erreichten Höhe! Diskutieren Sie, wodurch die Unterschiede zustande kommen könnten!

16. Beim Hochsprung gehen unterschiedliche Energieumwandlungen vor sich.

Beschreiben Sie die Energieumwandlungen vom Beginn des Anlaufs bis zum Ende des Sprunges!

17. Die Bulgarin KOSTADINOVA überquerte bei einem Wettkampf im Hochsprung eine Höhe von 2,09 m. Der Höhenunterschied ihres Körperschwerpunktes betrug vom Absprung bis zur maximalen Höhe 1,11 m.
a) Wie groß war die Änderung ihrer potentiellen Energie, wenn ihre Masse 56 kg beträgt?
b) Wie groß war mindestens die senkrecht nach oben gerichtete Komponente der Absprunggeschwindigkeit?

c) Wie groß waren die horizontale Komponente der Absprunggeschwindigkeit und ihre gesamte Absprunggeschwindigkeit, wenn der Absprungwinkel 45° betrug?

18. Ein Ball wird mit $v_0 = 9$ m/s aus 1,5 m Höhe senkrecht nach oben geworfen.
   a) Welche maximale Höhe über dem Erdboden erreicht der Ball?
   b) In welcher Höhe über dem Erdboden hat er die Hälfte seiner Anfangsgeschwindigkeit?

19. Ein Ziegelstein fällt bei Sturm aus 12 m Höhe auf den Bürgersteig.
   Mit welcher Geschwindigkeit trifft der Stein auf?

20. Ein Wasserspringer springt von einem 10-m-Turm.
   Welche Geschwindigkeit wird er beim Eintauchen in das Wasser erreichen?

21. Ein LKW hat eine Masse von 32 t, ein PKW von 1 t.
   a) Vergleichen Sie die kinetischen Energien der beiden Fahrzeuge bei einer Geschwindigkeit von 80 km/h!
   b) Was kann man aus dem Vergleich der kinetischen Energien über mögliche Unfallfolgen bei beiden Fahrzeuge aussagen?

22. Ein PKW ($m = 1\,260$ kg) fährt auf der Autobahn mit einer Geschwindigkeit von 140 km/h.
   a) Wie groß ist seine kinetische Energie?
   b) Wegen einer Baustelle muss die Geschwindigkeit auf die Hälfte verringert werden. Welche Energieumwandlungen gehen dabei vor sich und um wie viel Prozent verringert sich die kinetische Energie?
   c) Wegen einer Motorpanne rollt der PKW auf dem Standstreifen aus.

Beschreiben Sie die Energieumwandlungen, die dabei vor sich gehen.
   d) Bei einer anfänglichen Geschwindigkeit von 70 km/h beträgt die Ausrollstrecke auf ebener Straße 220 m. Wie groß war die wirkende Reibungskraft? Diskutieren Sie, ob der berechnete Wert realistisch ist!

23. a) Bei einem Unfall fährt ein PKW mit einer Geschwindigkeit von 50 km/h auf ein Hindernis auf. Aus welcher Höhe müsste man frei fallen, um diese Geschwindigkeit zu erreichen und dann auf einer Unterlage aufzuprallen?
   b) Aus welcher Höhe müsste man frei fallen, um eine Geschwindigkeit von 100 km/h zu erreichen und dann aufzuprallen?
   c) Vergleichen Sie die Ergebnisse von Aufgabe a und b und ziehen Sie daraus Schlussfolgerungen!

24. In zwei gleichen Gefäßen befindet sich Wasser gleicher Temperatur und je ein Metallkörper (s. Skizze).

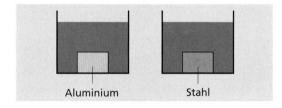

Aluminium   Stahl

Beiden Gefäßen wird durch eine Wärmequelle die gleiche Wärme zugeführt.
Welche Aussage kann man über die Endtemperatur in den beiden Gefäßen machen? Begründen Sie!

25. Die spezifische Wärmekapazität von trockenem Sand ist wesentlich geringer als die von Wasser.
Begründen Sie damit die hohen Temperaturschwankungen in Wüstengebieten im Unterschied zu Gebieten am Meer!

26. Ein glühender Stahlblock mit einer Masse von 1 t hat eine Temperatur von 900 °C und kühlt allmählich auf 20 °C ab. Wie viel Wärme wird dabei an die Umgebung abgegeben?

27. 1 l Wasser soll von 18 °C auf 60 °C erwärmt werden.
Wie viel Wärme muss dem Wasser zugeführt werden?

28. Bei der Erwärmung von 500 g Wasser mit einem Tauchsieder steigt die Temperatur in einer Minute um 8,5 K.
    a) Welche Wärme wird in einer Minute vom Tauchsieder auf das Wasser übertragen?
    b) Um welchen Wert ändert sich in dieser Zeit die thermische Energie des Wassers?

29. Die spezifische Wärmekapazität einer Flüssigkeit soll experimentell bestimmt werden.
    a) Beschreiben Sie, wie man vorgehen könnte!
    b) Bestimmen Sie experimentell die spezifische Wärmekapazität einer Flüssigkeit!

30. In einem Becherglas wurden 200 g einer Flüssigkeit erwärmt. Das Diagramm zeigt den experimentell ermittelten Zusammenhang zwischen der zugeführten Wärme und der Temperaturänderung.

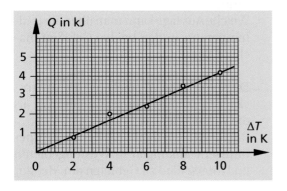

a) Interpretieren Sie das Diagramm!
b) Berechnen Sie für die Flüssigkeit die spezifische Wärmekapazität! Entnehmen Sie die notwendigen Daten dem Diagramm!
c) Um welche Flüssigkeit könnte es sich handeln?

31. Bei der Erwärmung von 0,5 l Wasser auf einem Gasherd steigt die Temperatur in jeder halben Minute um 7,5 K.
Welche Wärme gibt die Gasflamme in einer Minute an das Wasser ab?

32. Bei einer fieberhaften Erkrankung steigt die Körpertemperatur eines Menschen von 36,7 °C auf 38,9 °C.
    a) Welche Wärme ist dafür erforderlich, wenn die Masse des Menschen 55 kg und die durchschnittliche Wärmekapazität 3,5 kJ/(kg · K) beträgt?
    b) Wie viel Wasser könnte man mit dieser Wärme um 1 K erwärmen?

33.*Es ist kaum möglich, die Temperatur glühender Metallteile (s. Abb.) mit Hilfe eines Thermometers zu bestimmen.

Wenn man aber z. B. eine glühende Stahlschraube in Wasser bekannter Masse und Temperatur bringt, kann man ihre Temperatur auf indirektem Weg bestimmen.
    a) Leiten Sie die zur Bestimmung der Temperatur erforderliche Gleichung her!
    b) Beschreiben Sie, wie man die zur Temperaturbestimmung erforderlichen Größen ermitteln könnte!

34. Bei einer Warmwasserheizung besitzt das vom Heizkessel zu den Heizkörpern strömende Wasser eine Temperatur von 55 °C. Das zurückströmende Wasser hat nur noch eine Temperatur von 35 °C. Wie viel Wärme geben die Heizkörper in jeder Stunde an die Umgebung ab, wenn in einer Minute insgesamt 10 l Wasser durch die Heizkörper fließen?

35. Wie viel Wärme ist erforderlich, um 1 l Wasser von 100 °C vollständig zu verdampfen? Wie viel Gramm Eisen könnte man mit dieser Wärme schmelzen?

36. Um die Blüten von Obstbäumen vor Nachtfrösten zu schützen, werden sie mit Wasser besprengt. Wieso ist das ein Schutz für die Blüten?

37. Beim Bügeln werden häufig feuchte Tücher verwendet. Warum schützt das empfindliches Material vor zu starker Erwärmung?

38. Bei kleineren Operationen wird zur Betäubung vom Arzt die betreffende Stelle vereist. Dazu wird auf diese Stelle eine Flüssigkeit gesprüht, die sehr schnell verdunstet. Wieso kühlt dadurch die betreffende Stelle stark ab?

39. Wasser kann man mit Hilfe einer Heizplatte oder eines Tauchsieders erhitzen. Wesentlich schneller geht das aber, wenn man Wasserdampf in das Wasser einleitet.
    a) Erklären Sie, warum man auf diese Weise Wasser sehr schnell erwärmen kann!
    b) Stellen Sie für den Vorgang eine Energiebilanz auf!
    c) In 100 ml Wasser mit einer Temperatur von 18 °C werden 10 g Wasserdampf mit einer Temperatur von 100 °C eingeleitet. Auf welche Temperatur erwärmt sich das Wasser, wenn man von einem Wärmeaustausch mit der Umgebung absieht?

40. Wie viel Wärme wird beim Verbrennen von
    a) 20 kg Braunkohlebriketts,
    b) 6,5 l Benzin,
    c) 0,83 m^3 Erdgas
    freigesetzt?

41. Eisberge können monatelang existieren und dabei weite Wege zurücklegen.

Ein 2 300 t schwerer Eisberg hat ursprünglich eine durchschnittliche Temperatur von –10 °C. Wie viel Wärme ist erforderlich, damit das gesamte Eis vollständig schmilzt?

42. Bei kalorimetrischen Messungen muss man die Wärmekapazität des verwendeten Kalorimeters berücksichtigen.
    a) Leiten Sie die zur Berechnung der Wärmekapazität eines Kalorimeters erforderliche Gleichung her!
    b) Beschreiben Sie, wie man die Wärmekapazität eines Kalorimeters experimentell bestimmen könnte!
    c) Begründen Sie, weshalb die Wärmekapazität eines Kalorimeters vom Füllstand abhängig ist!
    d) Bestimmen Sie experimentell die Wärmekapazität eines gegebenen Kalorimeters für zwei verschiedene Füllstände!

Das Wichtigste im Überblick

Für beliebige Geräte, Anordnungen und auch Lebewesen gilt der **Energieerhaltungssatz:**

> Energie kann weder erzeugt noch vernichtet werden. Sie kann nur von einer Form in andere Formen umgewandelt und von einem Körper auf andere Körper übertragen werden.
>
> Für ein abgeschlossenes System gilt: $E_{gesamt} = \sum_{i=1}^{n} E_i = \text{konstant}$

Ein Spezialfall ist der **Energieerhaltungssatz der Mechanik**, der für ein abgeschlossenes mechanisches System gilt:

$$E_{gesamt} = E_{pot} + E_{kin} = \text{konstant oder } \Delta(E_{pot} + E_{kin}) = 0$$

Bei **mechanischen Vorgängen mit Reibung** gilt für ein abgeschlossenes System:

$$E_{gesamt} = E_{pot} + E_{kin} + E_{th} = \text{konstant}$$

Die Energie E eines Systems kann durch mechanische Arbeit oder durch Zufuhr bzw. Abgabe von Wärme verändert werden. Allgemein gilt:

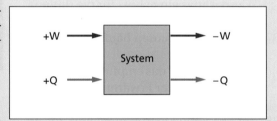

$$W = \Delta E \qquad\qquad Q = \Delta E$$

Befindet sich ein Körper in einem bestimmten Aggregatzustand, so kann die von ihm aufgenommene oder abgegebene Wärme mit der **Grundgleichung der Wärmelehre** berechnet werden:

$$Q = m \cdot c \cdot \Delta T$$

Bei der Änderung eines Aggregatzustandes ist Wärme erforderlich bzw. wird Wärme frei. Man spricht hier von **Umwandlungswärme.**

Schmelzen und Erstarren	**Sieden und Kondensieren**
$Q_S = q_s \cdot m$	$Q_V = q_V \cdot m$
Schmelzwärme und Erstarrungswärme sind für einen Stoff gleich groß.	Verdampfungswärme und Kondensationswärme sind für einen Stoffe gleich groß.

Die Wärme, die beim Verbrennen von Stoffen frei wird, hängt vom Heizwert H bzw. H' und von der Masse m bzw. vom Volumen V des verbrannten Stoffes ab:

$$Q = H \cdot m \qquad\qquad\qquad Q = H' \cdot V$$

Impuls und Impulserhaltung

Flugzeuge mit Strahltriebwerken
Die meisten modernen Flugzeuge verfügen über Strahltriebwerke. Damit werden die für den Start und den Flug erforderlichen Schubkräfte hervorgerufen.
Wie funktioniert ein solches Strahltriebwerk?

Ballspiele – physikalisch betrachtet
Bei vielen Ballspielen, z. B. beim Fußball, Handball, Volleyball oder Beachball, wirkt beim Abspielen auf den Ball kurzzeitig eine Kraft in bestimmter Richtung.
Wie beeinflusst die wirkende Kraft die Bewegung des Balles?
Wovon ist die erzielte Geschwindigkeit abhängig?

Mit der Fähre in den Weltraum
Eine Rakete mit einem Space Shuttle hat eine Masse von ca. 2 000 t und muss in kurzer Zeit auf eine Geschwindigkeit von über 28 000 km/h beschleunigt werden. Dazu sind gewaltige Schubkräfte erforderlich. Auch im Weltall benötigt das Space Shuttle für das Manövrieren einen Antrieb.
Wie funktioniert der Antrieb von Raketen, Weltraumfähren und anderen Raumfahrzeugen?

Grundlagen

Impuls und Impulserhaltung

Den Bewegungszustand eines Körpers, z. B. eines Autos oder eines Balles, kann man mit der physikalischen Größe Geschwindigkeit $\vec{v}$ beschreiben. Will man die Geschwindigkeit eines Körpers ändern, so ist eine Kraft erforderlich, die von der Masse abhängig ist. Fahren z. B. zwei Fahrzeuge (Abb. 1) mit gleicher Geschwindigkeit gegen eine Wand, so ist die Wirkung des Transporters wegen seiner größeren Masse größer als die des PKW. Der Bewegungszustand eines Körpers ist also auch von seiner Masse abhängig.

> Der Bewegungszustand eines Körpers wird durch seine Geschwindigkeit und seine Masse gekennzeichnet.

Der durch Geschwindigkeit und Masse gekennzeichneter Bewegungszustand wird durch die physikalische Größe **Impuls** beschrieben.

> Der Impuls $\vec{p}$ kennzeichnet den Bewegungszustand eines Körpers. Es gilt:
>
> $\vec{p} = m \cdot \vec{v}$ m Masse des Körpers
> $\vec{v}$ Geschwindigkeit des Körpers

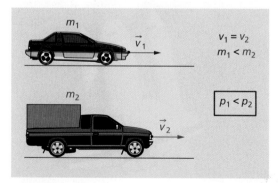

1 Geschwindigkeit und Masse kennzeichnen den Zustand eines bewegten Körpers.

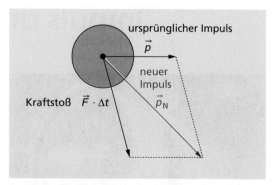

2 Ein Kraftstoß bewirkt eine Impulsänderung.

Da der Impuls den Zustand eines Körpers kennzeichnet, ist er wie auch die Energie eine **Zustandsgröße** und darüber hinaus eine vektorielle Größe (s. S. 59).

Wirkt auf einen Körper eine bestimmte Zeit lang eine Kraft, so ändern sich Betrag und eventuell auch Richtung seiner Geschwindigkeit. Damit ändert sich auch der Impuls des betreffenden Körpers (Abb. 2).

Die Wirkung der Kraft auf einen Körper ist sowohl vom Betrag, von der Richtung und vom Angriffspunkt der Kraft als auch von der Dauer Δt der Krafteinwirkung abhängig.
Für die Wirkung einer Kraft führt man die neue Größe **Kraftstoß** ein.

> Der Kraftstoß $\vec{I}$ kennzeichnet die Wirkung einer Kraft auf einen Körper. Es gilt
>
> $\vec{I} = \vec{F} \cdot \Delta t$ $\vec{F}$ die auf einen Körper einwirkende Kraft
>
> Δt Zeitdauer der Einwirkung

Da der Kraftstoß einen Prozess beschreibt, ist er eine vektorielle **Prozessgröße**.
Bei konstanter Kraft ist die genannte Gleichung uneingeschränkt anwendbar. In vielen Fällen, z. B. beim Abschuss eines Fußballs oder beim Schlag gegen einen Tennisball, ist aber der Betrag der Kraft nicht konstant. Dann kann mit einer mittleren Kraft gerechnet werden.

Skalare und vektorielle Größen

Man unterscheidet in der Physik verschiedene **Arten von Größen.**

Einige Größen sind von der Richtung unabhängig. Die messbare Eigenschaft hat nur einen Betrag und ist in allen Richtungen gleich groß. Man nennt diese Größen auch **skalare Größen.** Masse, Temperatur, Druck und Energie sind z. B. skalare Größen (Abb. 1).

Andere Größen sind von der Richtung abhängig. Die messbare Eigenschaft hat neben dem Betrag auch eine Richtung. Der Betrag der Größe ist z. B. in verschiedenen Richtungen unterschiedlich groß (Abb. 2).

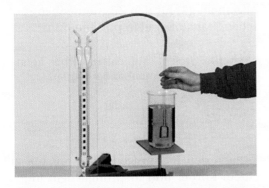

1 An einer bestimmten Stelle in einer Flüssigkeit ist der Druck immer gleich groß, egal in welche Richtung man die Messsonde dreht. Der Druck ist nicht von der Richtung abhängig. Er ist eine skalare Größe.

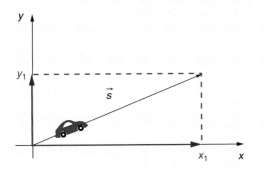

2 Die Entfernungen, die ein Fahrzeug vom Ausgangspunkt seiner Bewegung in x-Richtung und in y-Richtung zurücklegt, sind unterschiedlich groß. Der Weg ist eine vektorielle Größe.

Beispiel: Eine Person läuft in einem fahrenden Zug in Fahrtrichtung.

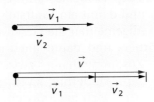

3 Die resultierende Geschwindigkeit der Person gegenüber der Erdoberfläche ergibt sich aus der Summe der Beträge $v_1 + v_2$ der Einzelgeschwindigkeiten.

Solche Größen nennt man **vektorielle** oder **gerichtete Größen.** Sie werden mit einem Pfeil über dem Formelzeichen gekennzeichnet und in Skizzen als Pfeile dargestellt. Beispiele für vektorielle Größen sind die Kraft $\vec{F}$, der Weg $\vec{s}$, die Geschwindigkeit $\vec{v}$ und die Beschleunigung $\vec{a}$.

Für eine Reihe von Anwendungen genügt es, auch bei vektoriellen Größen nur mit den Beträgen (z. B. $|\vec{F}|$ bzw. kürzer F) zu rechnen. Dies ist vor allem dann möglich und sinnvoll, wenn verschiedene vektorielle Größen dieselbe Richtung haben (Abb. 3).

Sollen dagegen vektorielle Größen addiert werden, die unterschiedliche Richtungen haben, so muss man die Richtungen der einzelnen Größen beachten. So kann man eine resultierende vektorielle Größe durch eine maßstäbliche geometrische Addition in einer Zeichnung ermitteln (Abb. 4).

Beispiel: Ein Schlitten wird von zwei Personen in eine unterschiedliche Richtung gezogen.

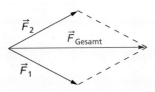

4 Die resultierende Kraft ergibt sich durch eine geometrische Addition der Kräfte $\vec{F}_1$ und $\vec{F}_2$ in einem maßstäblichen Kräfteparallelogramm.

Zusammenhang zwischen Impuls und Kraftstoß

Wirkt auf einen Körper eine bestimmte Zeit lang eine Kraft und damit ein Kraftstoß, so ändert sich im Allgemeinen die Geschwindigkeit des Körpers und damit auch sein Impuls. Den Zusammenhang zwischen Kraftstoß und Impulsänderung kann man auch in Form einer Gleichung erfassen. Für eine konstante Kraft $\vec{F}$ lautet das newtonsche Grundgesetz:

$$\vec{F} = m \cdot \vec{a} \qquad \text{oder}$$

$$\vec{F} = m \cdot \frac{\Delta \vec{v}}{\Delta t}$$

Eine Multiplikation dieser Gleichung mit Δt ergibt:

$$\vec{F} \cdot \Delta t = m \cdot \Delta \vec{v}$$

Das Produkt $\vec{F} \cdot \Delta t$ ist der Kraftstoß $\vec{I}$, das Produkt $m \cdot \Delta \vec{v}$ die Impulsänderung $\Delta \vec{p}$. Für diese Impulsänderung kann man auch schreiben:

$$\Delta \vec{p} = m \, (\vec{v}_2 - \vec{v}_1)$$

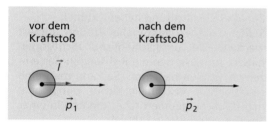

vor dem Kraftstoß

nach dem Kraftstoß

1 Bei einem Kraftstoß in Bewegungsrichtung vergrößert sich der Impuls. Seine Richtung bleibt erhalten.

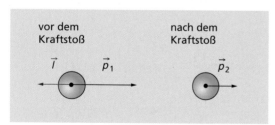

vor dem Kraftstoß

nach dem Kraftstoß

2 Bei einem Kraftstoß entgegen der Bewegungsrichtung verkleinert sich der Impuls. Bei genügend großem Kraftstoß kann der Impuls auch null werden oder seine Richtung umkehren.

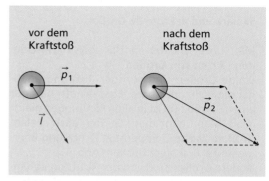

vor dem Kraftstoß

nach dem Kraftstoß

3 Bei einem Kraftstoß in beliebiger Richtung ändern sich im Allgemeinen Betrag und Richtung des Impulses.

Allgemein gilt für den Zusammenhang zwischen Kraftstoß und Impulsänderung:

> Der Kraftstoß $\vec{I}$ auf einen Körper kennzeichnet dessen Impulsänderung $\Delta \vec{p}$.
> Es gilt:
> $$\vec{I} = \Delta \vec{p} \qquad \text{oder}$$
> $$\vec{F} \cdot \Delta t = m \cdot \Delta \vec{v}$$

Je nach den Richtungen von Kraftstoß auf einem Körper und ursprünglichem Impuls kann sich der Impuls eines Körpers vergrößern (Abb. 1), verkleinern und umkehren (Abb. 2) oder sowohl Betrag als auch Richtung ändern (Abb. 3).

Der Impulserhaltungssatz

Wenn ein Auto auf ein anderes auffährt, dann ändern sich die Impulse beider Autos. Auch beim Zusammenstoß zweier Billardkugeln, beim Aneinanderkoppeln zweier Waggons oder beim Zusammenstoß zweier Fahrzeuge auf einer Scooter-Bahn (Abb. 1, S. 62) ändern sich die Impulse der einzelnen Körper. Der Gesamtimpuls ist aber vor und nach der Wechselwirkung der Körper gleich groß. Das gilt z. B. auch für eine Rakete. Sie hat auf der Startrampe den Impuls null, da ihre Geschwindigkeit $v = 0$ ist. Nach dem Start haben die ausströmenden Gase und

Verallgemeinerung des Grundgesetzes der Mechanik

Das von ISAAC NEWTON (1642–1727) entdeckte Grundgesetz der Mechanik beschreibt den Zusammenhang zwischen der auf einen Körper wirkenden Kraft, seiner Masse und seiner Beschleunigung. Es wird häufig als Gleichung in der Form

$$\vec{F} = m \cdot \vec{a} \qquad (1)$$

angegeben. Die Beschleunigung $\vec{a}$ kann auch als zeitliche Änderung der Geschwindigkeit ausgedrückt werden. Mit

$$\vec{a} = \frac{\Delta \vec{v}}{\Delta t}$$

erhält man die auf S.60 angegebene Gleichung

$$\vec{F} = m \cdot \frac{\Delta \vec{v}}{\Delta t} \qquad (2)$$

NEWTON selbst formulierte sein 2. Gesetz folgendermaßen:

„Die Änderung der Bewegung ist der Einwirkung der bewegenden Kraft proportional und geschieht nach der Richtung derjenigen geraden Linie, nach welcher jene Kraft einwirkt."

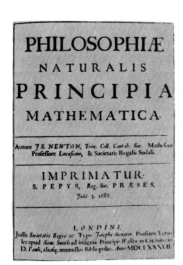

1 Titelbild von Newtons Werk „Mathematische Prinzipien der Naturlehre". In diesem Werk sind die drei newtonschen Gesetze (Trägheitsgesetz, Grundgesetz der Mechanik, Wechselwirkungsgesetz) dargestellt.

Die newtonsche Formulierung entspricht der mathematischen Formel:

$$\vec{F} = \frac{\Delta(m \cdot \vec{v})}{\Delta t} \qquad (3)$$

Diese Gleichung ist allgemeiner als die Gleichungen (1) und (2). Dass dies so ist, wurde erst Anfang des 20. Jahrhunderts mit der Entwicklung der Relativitätstheorie durch ALBERT EINSTEIN (1879–1955) deutlich. Die genannte Gleichung (3) enthält folgende spezielle Fälle:

Fall 1:

Für m = konstant ergibt sich

$$\vec{F} = m \cdot \frac{\Delta \vec{v}}{\Delta t}$$

Das ist der grundlegende Zusammenhang zwischen Kraft, Masse und der zeitlichen Änderung der Geschwindigkeit (Beschleunigung), wie ihn die klassische Mechanik beschreibt.

Fall 2:

Die Gleichung (3) beinhaltet aber auch die Möglichkeit, dass sich die Masse eines Körpers ändert. Dass die Masse eines Körpers nicht konstant ist, sondern von seiner Geschwindigkeit abhängt, erkannte ALBERT EINSTEIN bei der Entwicklung seiner Relativitätstheorie. Entsprechend der Relativitätstheorie gilt für die Masse eines bewegten Körpers die Gleichung:

$$m = \frac{m_0}{\sqrt{1 - \frac{v^2}{c^2}}}$$

m_0 ist dabei Ruhemasse bei der Geschwindigkeit null, v die Geschwindigkeit und m die Masse bei der Geschwindigkeit v.

Für kleine Geschwindigkeiten $v \ll c$ ist $v^2/c^2 \approx 0$ und damit $m \approx m_0$. Das entspricht dem Fall 1.

Bei größeren Geschwindigkeiten muss die Abhängigkeit der Masse von der Geschwindigkeit beachtet werden. Beträgt die Geschwindigkeit eines Körpers 1/10 der Lichtgeschwindigkeit, so ist seine Masse um den Faktor 1,005 größer als bei der Geschwindigkeit null.

1 Beim Zusammenstoß zweier Fahrzeuge verändern sich die Impulse beider Fahrzeuge. Der Gesamtimpuls bleibt aber erhalten.

die Rakete selbst einen Impuls größer als null. Der Gesamtimpuls des Systems bleibt aber unverändert null.

Ähnlich wie für die Energie gilt für den Impuls ein Erhaltungssatz (Abb. 2). Der **Impulserhaltungssatz** ist wie der Energieerhaltungssatz ein grundlegender Erfahrungssatz.

In einem abgeschlossenen System ist der Gesamtimpuls konstant.

$$\vec{p}_1 + \vec{p}_2 + \ldots + \vec{p}_n = \text{konstant}$$

Wirken nur zwei Körper aufeinander ein, so gilt für diese beiden Körper ebenfalls der Impulserhaltungssatz (Abb. 2).

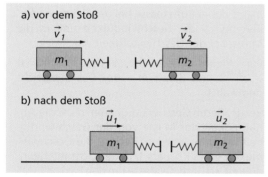

2 Beim Zusammenstoß zweier Wagen bleibt der Gesamtimpuls gleich.

Für ein abgeschlossenes System mit zwei Körpern gilt:

$$m_1 \cdot \vec{v}_1 + m_2 \cdot \vec{v}_2 = m_1 \cdot \vec{u}_1 + m_2 \cdot \vec{u}_2$$

$\vec{v}_1, \vec{v}_2$ Geschwindigkeiten vor dem Stoß

$\vec{u}_1, \vec{u}_2$ Geschwindigkeiten nach dem Stoß

Ein spezieller Fall ist der eines Körpers, dessen Impuls null ist. Das ist z. B. für eine Rakete auf der Startrampe der Fall. Auch nach der Zündung der Triebwerke und dem Start der Rakete bleibt der Gesamtimpuls null, da in diesem Fall nur innere Kräfte wirken. Die Impulse der ausströmenden Verbrennungsgase und der Rakete sind entgegengesetzt gerichtet und haben den gleichen Betrag:

$$m_R \cdot \vec{v}_R = -m_G \cdot \vec{v}_G$$

Ausführlicher sind die Zusammenhänge auf S. 66 f. dargestellt.

Der Stoß

Als Stoß bezeichnet man in der Physik alle jenen Vorgänge, bei denen zwei oder mehrere Körper kurzzeitig miteinander wechselwirken und dadurch ihren Bewegungszustand ändern. Beispiele für Stöße sind der Abschlag eines Tennisballs (Wechselwirkung Ball–Schläger), der Abschuss eines Fußballs (Wechselwirkung Fuß–Ball), der Zusammenstoß zweier Autos (Wechselwirkung Auto 1–Auto 2), der Stoß einer Billardkugel gegen eine andere oder das Auftreffen eines Geschosses auf einen Körper.

Wir betrachten nachfolgend nur Stöße zwischen zwei Körpern, die ein abgeschlossenes System bilden. Damit gilt für alle diese Stöße der Impulserhaltungssatz.

Nach der **Energiebilanz** unterscheidet man zwischen unelastischen und elastischen Stößen (Abb. 1, S. 63).

unelastischer Stoß	elastischer Stoß

Bei einem unelastischen Stoß treten zwischen den Körpern keine elastischen Wechselwirkungen auf. Die mechanische Energie des Systems wird teilweise oder vollständig in andere Energieformen umgewandelt.	Bei einem elastischen Stoß treten zwischen den Körpern nur elastische Wechselwirkungen auf. Die mechanische Energie des Systems bleibt erhalten.

1 Einteilung von Stößen nach der Energiebilanz

Nach der gegenseitigen **Lage der Körper bei der Wechselwirkung** kann man zwischen zentralen und nicht zentralen Stößen unterscheiden (Abb. 2).

Der zentrale unelastische Stoß

Bei einem zentralen unelastischen Stoß, z. B. bei einem Auffahrunfall, treten keine elastischen Wechselwirkungen auf. Die Körper bewegen sich nach dem Stoß mit einer gemeinsamen Geschwindigkeit weiter. Der Impuls ist vor dem Stoß genauso groß wie nach dem Stoß.

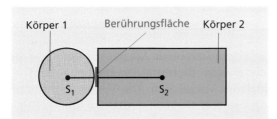

2 Bei einem zentralen Stoß steht die Verbindungsgerade der Schwerpunkte S beider Körper senkrecht auf der Berührungsfläche, die sich beim Stoß ausbildet.

Nimmt man an, dass sich beide Körper längs einer Geraden in der gleichen Richtung bewegen, dann gilt:

$$\frac{\text{Impuls vor}}{\text{dem Stoß}} = \frac{\text{Impuls nach}}{\text{dem Stoß}}$$

$$m_1 \cdot v_1 + m_2 \cdot v_2 = (m_1 + m_2)u$$

Damit kann man die Geschwindigkeit beider Körper nach dem Stoß berechnen.

Nach einem zentralen unelastischen Stoß beträgt die gemeinsame Geschwindigkeit u beider Körper:

$$u = \frac{m_1 \cdot v_1 + m_2 \cdot v_2}{m_1 + m_2}$$

Bewegen sich die beiden Körper vor dem Stoß in entgegengesetzter Richtung, so ist zu beachten, dass dann v_1 und v_2 wegen des vektoriellen Charakters der Geschwindigkeit ein unterschiedliches Vorzeichen haben. In welche Richtung sich dann beide Körper gemeinsam bewegen, hängt von den Impulsen beider Körper ab.

Idealisierungen in der Physik

In der Physik ist es üblich, Erscheinungen und Prozesse unter idealisierten Bedingungen zu betrachten. Nur unter solchen Bedingungen lassen sich Gesetze in einfacher und gut überschaubarer Weise formulieren. So gelten z. B. die Gesetze der gleichförmigen und der gleichmäßig beschleunigten Bewegung exakt nur für Massepunkte. Für reale Körper sind sie in mehr oder weniger guter Annäherung anwendbar.

Die Gesetze des freien Falls gelten exakt nur für das Vakuum. Beim Fall von Körpern in Luft sind sie näherungsweise anwendbar. Auch der unelastische Stoß und der elastische Stoß sind Idealisierungen, die in der Praxis nur näherungsweise auftreten. Die auf S. 63 und auf dieser Seite genannten Gleichungen gelten nur unter idealisierten Bedingungen.

Bei jeder Anwendung auf praktische Beispiele ist zu prüfen, ob diese idealisierten Bedingungen näherungsweise erfüllt sind.

Der zentrale elastische Stoß

Bei einem zentralen elastischen Stoß (Abb. 1, 2) treten nur elastische Wechselwirkungen auf. Das bedeutet, dass die mechanische Energie vor dem Stoß genauso groß ist wie nach dem Stoß.

1   Der Stoß zwischen Schläger und Ball ist näherungsweise ein elastischer Stoß.

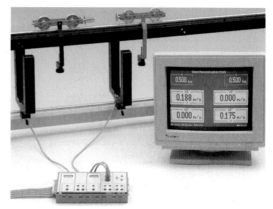

2   Mit Hilfe von zwei Wagen kann man den elastischen Stoß von Körpern demonstrieren.

Darüber hinaus ist der Gesamtimpuls vor dem Stoß genauso groß wie nach dem Stoß. Damit gelten für den elastischen Stoß:

$$\frac{1}{2}\, m_1 \cdot v_1^2 + \frac{1}{2}\, m_2 \cdot v_2^2 = \frac{1}{2}\, m_1 \cdot u_1^2 + \frac{1}{2}\, m_2 \cdot u_2^2$$

$$m_1 \cdot v_1 + m_2 \cdot v_2 = m_1 \cdot u_1 + m_2 \cdot u_2$$

v_1 und v_2 sind die Geschwindigkeiten vor dem elastischen Stoß, u_1 und u_2 die Geschwindigkeiten nach dem Stoß.

Aus den beiden genannten Gleichungen lassen sich Formeln für die Geschwindigkeiten beider Körper nach dem Stoß herleiten.

Nach einem zentralen elastischen Stoß beträgt die Geschwindigkeit der beiden Körper:

$$u_1 = \frac{2\, m_2 \cdot v_2 + (m_1 - m_2) v_1}{m_1 + m_2}$$

$$u_2 = \frac{2\, m_1 \cdot v_1 + (m_2 - m_1) v_2}{m_1 + m_2}$$

Bewegen sich beide Körper vor dem Stoß in die gleiche Richtung, so haben v_1 und v_2 gleiches Vorzeichen. Die Vorzeichen für u_1 und u_2 enthalten eine Aussage über die Bewegungsrichtung nach dem Stoß. Bei verschiedenen Bewegungsrichtungen vor dem Stoß sind die unterschiedlichen Vorzeichen von v_1 und v_2 zu beachten.

Impuls und Energie von Fotonen

Der deutsche Physiker MAX PLANCK (1858 bis 1947) hat entdeckt, dass die Energie eines Strahlers in Energieportionen oder Quanten emittiert und auch absorbiert wird (s. S. 15). Für die Energie eines Quants gilt die Gleichung $E = h \cdot f$, wobei h das plancksche Wirkungsquantum und f die Frequenz der Strahlung sind. Diese Überlegungen gelten auch für **Lichtquanten** oder **Fotonen**. Licht kann aufgefasst werden als ein Strom einer riesigen Anzahl von Fotonen (Abb. 1).

> Licht besteht aus Lichtquanten oder Fotonen.

Fotonen existieren nur mit der Lichtgeschwindigkeit c. Fotonen mit der Geschwindigkeit null gibt es nicht. Ihnen kann eine Energie, eine Masse und ein Impuls zugeordnet werden. Die **Energie der Fotonen** hängt von ihrer Frequenz ab. Es gilt:

> Die Energie eines Fotons beträgt $E = h \cdot f$.
>
> h plancksches Wirkungsquantum
>
> f Frequenz

1 Ein Teil der von der Sonne ausgehenden Fotonen trifft auf die Erde.

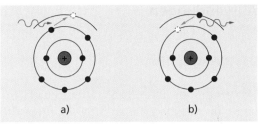

2 Vorgänge im Atom bei der Absorption (a) und der Emission (b) von Fotonen

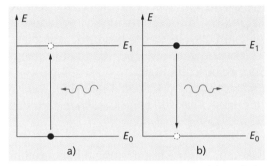

3 Energieniveaus bei der Absorption (a) und der Emission (b) von Fotonen

Der **Impuls eines Fotons** hängt von seiner Masse und seiner Geschwindigkeit ab. Es gilt:

> Der Impuls eines Fotons kann berechnet werden mit der Gleichung:
>
> $p_F = m_F \cdot c$ m_F Masse des Fotons
>
> c Lichtgeschwindigkeit

Bezieht man die von ALBERT EINSTEIN (1879 bis 1955) entdeckte Äquivalenz zwischen Masse und Energie $E = m \cdot c^2$ mit ein, so ergibt sich für die Energie eines Fotons:

$$E = h \cdot f = m_F \cdot c^2$$

Damit kann man auch die **Masse eines Fotons** ermitteln. Sie beträgt

$$m_F = \frac{E}{c^2} = \frac{h \cdot f}{c^2}$$

Für ein Foton mit einer Frequenz von $5,3 \cdot 10^{14}$ Hz (grün-gelbes Licht) erhält man eine Energie von $3,5 \cdot 10^{-19}$ J, einem Impuls von $1,2 \cdot 10^{-27}$ kg·m/s und eine Masse von $3,9 \cdot 10^{-36}$ kg.

Anwendungen

Das Raketenprinzip

Um eine Raumfähre (Abb. 1) auf eine Umlaufbahn um die Erde zu bringen, muss die Rakete beim Start in kurzer Zeit eine hohe Geschwindigkeit erreichen. Für eine stabile Kreisbahn um die Erde muss eine solche Raumfähre mindestens eine Geschwindigkeit von 28 440 km/h besitzen. Auf diese Geschwindigkeit ist die Raumfähre beim Start zu beschleunigen.

Erklären Sie, wie mit dem Antrieb eine Rakete in kurzer Zeit auf hohe Geschwindigkeiten be-schleunigt werden kann!

Raketen sind Körper mit einer großen Masse. Um diese Körper beim Start von null auf hohe Geschwindigkeiten zu beschleunigen, müssen große Kräfte in Wegrichtung wirken.

Nach dem **newtonschen Grundgesetz** müssen diese Kräfte umso größer sein, je größer die Masse der Rakete und je größer deren Beschleunigung ist ($\vec{F} = m \cdot \vec{a}$).

Solche großen Kräfte erzeugt man, indem im Inneren der Rakete ein Brennstoff verbrannt wird. In einer Brennkammer dehnen sich die

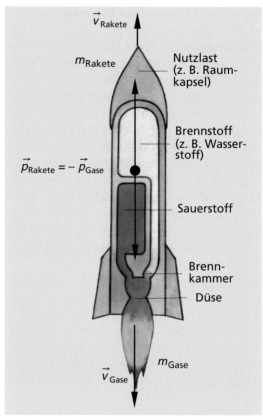

2 Das Antriebsprinzip einer Rakete

Verbrennungsgase aufgrund der hohen Temperatur schnell aus. Dabei werden die Gase stark beschleunigt und treten dann mit sehr hohen Geschwindigkeiten aus einer Düse entgegengesetzt zur Bewegungsrichtung der Rakete aus (Abb. 2).

Die austretenden Verbrennungsgase haben den Impuls $m_{Gase} \cdot \vec{v}_{Gase}$.

Er ist besonders groß, wenn eine große Menge Verbrennungsgase mit einer hohen Geschwindigkeit ausgestoßen wird.

Nach dem Impulserhaltungssatz wirkt ein gleich großer, entgegengesetzt gerichteter Impuls auf die Rakete. Dieser Impuls beträgt:

$$m_{Rakete} \cdot \vec{v}_{Rakete}$$

Rakete und Verbrennungsgase bewegen sich in entgegengesetzter Richtung.

1 Der Start einer Rakete mit dem Space Shuttle

Bei einer Rakete nennt man das hier vorliegende **Rückstoßprinzip** manchmal auch **Raketenprinzip**.

Die Beschleunigung einer Rakete hängt von ihrer Masse und der wirkenden Schubkraft ab.
So hatte z. B. die Saturn-V-Rakete, die für das erste Mondlandeunternehmen im Jahr 1969 genutzt wurde, eine Startmasse von ca. 3 000 t. Von der ersten Raketenstufe wurden in jeder Sekunde ca. 15 t Verbrennungsgase mit einer Geschwindigkeit von 2,3 km/s ausgestoßen.
Wie groß war die Schubkraft dieser Rakete? Welche Beschleunigung erreichte sie in der Startphase?

Analyse:
Um die Schubkraft zu ermitteln, kann der Zusammenhang zwischen Impuls und Kraftstoß genutzt werden.
Vor dem Ausströmen ist das Gas in Ruhe und hat den Impuls null.
Die ausströmenden Gase müssen also vom Triebwerk den Kraftstoß $\vec{F} \cdot \Delta t$ erhalten haben. Nach dem Wechselwirkungsgesetz wirkt damit auf das Triebwerk die entgegengesetzt gerichtete Schubkraft $\vec{F}_s$.

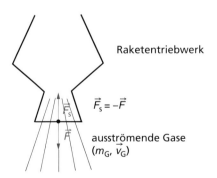

Raketentriebwerk

$\vec{F}_s = -\vec{F}$

ausströmende Gase
(m_G, $\vec{v}_G$)

Damit kann man die Schubkraft berechnen. Die Beschleunigung ergibt sich dann aus dem newtonschen Grundgesetz.

Gesucht: $\vec{F}_s$, a

Gegeben: $m_R = 3\,000$ t
$m_G = 15$ t
$v_G = 2,3$ km/s
$\Delta t = 1,0$ s

Lösung:
Für den Zusammenhang zwischen Kraftstoß und Impuls gilt:

$$\vec{F} \cdot \Delta t = m_G \cdot \vec{v}_G$$

Mit $\vec{F}_s = -\vec{F}$ erhält man für den Betrag der Schubkraft:

$$F_s = \frac{m_G}{\Delta t} \cdot v_G$$

$$F_s = \frac{15 \text{ t}}{1,0 \text{ s}} \cdot 2,3 \, \frac{\text{km}}{\text{s}}$$

$$F_s = \frac{15 \cdot 10^3 \text{ kg}}{1,0 \text{ s}} \cdot 2,3 \cdot 10^3 \, \frac{\text{m}}{\text{s}}$$

$$F_s = 35 \cdot 10^6 \text{ N}$$

$$\underline{F_s = 35 \text{ MN}}$$

Die Beschleunigung kann aus $F_B = m \cdot a$ berechnet werden. Die beschleunigende Kraft F_B ist dabei die Differenz zwischen Schubkraft und Gewichtskraft der Rakete.

$$a = \frac{F_B}{m}$$

$$a = \frac{F_s - m_R \cdot g}{m_R}$$

$$a = \frac{35 \text{ MN} - 29 \text{ MN}}{3 \cdot 10^6 \text{ kg}}$$

$$\underline{a = 2 \text{ m/s}^2}$$

Ergebnis:
Die Schubkraft der Saturn-V-Rakete beim Start betrug etwa 35 MN, die Beschleunigung der Rakete etwa 2 m/s².

Aus der Geschichte der Raketentechnik

Versuche, Raketen zu bauen, gab es schon im 12. Jahrhundert. Dabei ging es fast ausschließlich um ihre Nutzung als Waffe. Große Bedeutung erlangten aber diese Versuche nicht. Gegen Ende des 19. Jahrhunderts begannen Wissenschaftler in verschiedenen Ländern sich intensiv mit dem Raketenantrieb zu beschäftigen.

In Russland entwickelte K. E. ZIOLKOWSKI (Abb. 1) wichtige theoretische Grundlagen des Raketenflugs. Er schlug vor, statt Feststoffraketen flüssige Treibstoffe zu verwenden, propagierte das Prinzip der Mehrstufenrakete und entwarf nicht nur Vorschläge für Raketentriebwerke, sondern auch für Raumflüge.

2 FRITZ VON OPEL erreichte mit seinem Raketenauto auf der Berliner AVUS 1928 eine Geschwindigkeit von 195 km/h.

In seinem 1923 erschienen Buch „Die Rakete zu den Planetenräumen" wies der deutsche Forscher HERMANN OBERTH (1894–1989) nach, dass mit Raketen andere Planeten erreicht werden können. Von vielen Zeitgenossen wurden diese Vorstellungen belächelt und als Utopie abgetan. Es gab auch Versuche, Raketen als Antrieb für Autos zu verwenden. So wurden auf der Berliner AVUS 1927/28 Versuche mit Raketenautos durchgeführt (Abb. 2).

Bereits 1927 wurde von einer kleinen Gruppe von Enthusiasten in Berlin der „Verein für Raumschifffahrt" gegründet. Hier arbeiteten u. a. H. OBERTH und WERNHER VON BRAUN (1912 bis 1977) mit.

1 KONSTANTIN EDUARDOWITSCH ZIOLKOWSKI (1857 bis 1935), der „Vater der Raumfahrt"

In den USA entwickelte der Physiker ROBERT GODDARD (1882–1945) in langjähriger Arbeit eine Flüssigtreibstoffrakete, die 1926 erstmals erfolgreich erprobt wurde. Die Rakete erreichte in 2,5 s eine maximale Flughöhe von 12,5 m.

3 Die V2 war die erste einsatzfähige Flüssigkeitsrakete. Der erste erfolgreiche Start erfolgte am 3. Oktober 1942 in der Heeresversuchsanstalt Peenemünde.

WERNHER VON BRAUN war auch maßgeblich an der Entwicklung der V2 beteiligt. Diese für Kriegszwecke entwickelte Rakete hatte eine Startmasse von 12,5 t und konnte 1 t Sprengstoff transportieren. Ihre Reichweite betrug etwa 300 km, ihre Höchstgeschwindigkeit 5 000 km/h. Zahlreiche dieser Raketen wurden auf London abgefeuert. Ihr Einsatz beeinflusste den Verlauf des Zweiten Weltkrieges aber kaum.

Nach dem Zweiten Weltkrieg wurden vor allem in den USA und in der Sowjetunion Raketen für militärische Zwecke entwickelt. Im Rahmen des Internationalen Geophysikalischen Jahres 1957 geschah die Sensation. Am 4. Oktober 1957 wurde in der Sowjetunion der erste künstliche Erdsatellit Sputnik 1 gestartet. Damit setzte ein regelrechter Wettlauf im Weltraum und folglich auch in der Entwicklung der Raketentechnik ein, der mit dem Start des ersten Menschen in den Weltraum (JURI GAGARIN, 1961) noch verstärkt wurde.

2 Mit dem wieder verwendbaren Raumtransporter Space Shuttle wurde 1981 eine neue Etappe der Weltraumfahrt eingeleitet.

Wichtige Meilensteine waren dabei die ersten Weltraumsonden zu anderen Planeten (Venus 1, UdSSR 1961), die ersten kommerziellen Nachrichtensatelliten (Telstar, USA 1962) und die erste weiche Landung einer Raumsonde auf dem Mond (Luna 9, UdSSR 1966).
Ein Höhepunkt war die erste Landung von Menschen auf dem Mond im Rahmen des amerikanischen Apollo-Programms. Wissenschaftlicher Leiter dieses Programms war der seit 1945 in den USA lebende W. V. BRAUN. Am 21. Juli 1969 betrat mit dem Amerikaner NEIL ARMSTRONG erstmals ein Mensch den Mond.
Die für den Mondflug entwickelte Rakete Saturn V ist bis heute die leistungsstärkste Rakete. Bei einer Höhe von 111 m hatte sie eine Startmasse von ca. 3 000 t und eine Nutzlast von 49,7 t.

Die erste Raketenstufe mit fünf Triebwerken verbrauchte je Sekunde 13,3 t Treibstoff und arbeitete 161 s. Die zweite Stufe mit ebenfalls fünf Triebwerken verbrauchte 1142 kg Treibstoff je Sekunde, die dritte Stufe 212 kg/s.
1972 erfolgte der bislang letzte bemannte Mondflug. Gegenwärtig werden erste Konzepte für einen bemannten Flug zum Mars entwickelt.

1 Mit der Ariane-Rakete wurden zahlreiche Satelliten in den Weltraum geschossen.

Die Bestimmung der Geschossgeschwindigkeit

Die Geschwindigkeit eines Geschosses ist zumeist sehr groß (Abb. 1). Ihre Bestimmung ist daher durch eine direkte Messung nicht zu realisieren.

Gibt es trotzdem eine Möglichkeit, die Geschwindigkeit eines Geschosses zu ermitteln?

Eine Möglichkeit, die Geschwindigkeit eines Geschosses experimentell zu bestimmen, ist die Verwendung eines ballistischen Pendels (Abb. 2). Ein solches ballistisches Pendel ist z.B. ein Holzklotz, in den das Geschoss eindringen kann und in dem es stecken bleibt. Dann liegt ein unelastischer Stoß vor. Betrachtet man das Geschoss und den Holzklotz als abgeschlossenes System, so gilt der Impulserhaltungssatz. Der Gesamtimpuls vor dem Auftreffen des Geschosses ist $m_1 \cdot v_1$, unmittelbar nach dem Auftreffen des Geschosses $(m_1 + m_2)\, u$.
Es gilt also:

$$m_1 \cdot v_1 = (m_1 + m_2)\, u \qquad |: m_1$$

$$v_1 = \frac{m_1 + m_2}{m_1}\, u \qquad (1)$$

Die gemeinsame Geschwindigkeit u lässt sich indirekt bestimmen: Durch das Auftreffen des Geschosses gerät das ballistische

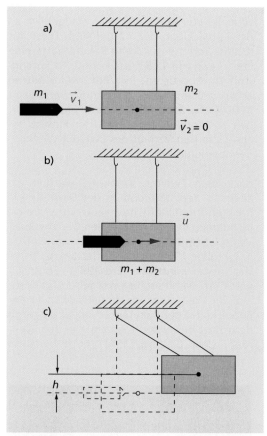

2 Ein ballistisches Pendel vor dem Auftreffen des Geschosses (a), unmittelbar nach dem Auftreffen (b) und beim Erreichen der maximalen Höhe (c).

Pendel in Schwingungen. Seine kinetische Energie wird in potentielle Energie umgewandelt.
Der Schwerpunkt des Pendels erreicht eine bestimmte Höhe h. Dann gilt nach dem Energieerhaltungssatz:

$$\frac{1}{2}\,(m_1 + m_2)\, u^2 = (m_1 + m_2) \cdot g \cdot h$$

$$u = \sqrt{2g \cdot h} \qquad (2)$$

Setzt man (2) in (1) ein, so erhält man für die Geschossgeschwindigkeit:

$$v_1 = \frac{m_1 + m_2}{m_1}\, \sqrt{2g \cdot h}$$

1 Geschosse erreichen Geschwindigkeiten bis zu 800 m/s.

Um die Geschossgeschwindigkeit zu bestimmen, muss man die Masse des Geschosses und des Pendelkörpers messen und die Höhe h bestimmen, in die das Pendel unmittelbar nach dem Eindringen schwingt. Aus diesen Größen lässt sich die Geschossgeschwindigkeit berechnen.
Bei einem Geschoss mit einer Masse von 7,5 g wurde im Experiment die maximale Höhe zu 12 cm ermittelt. Die Masse des Pendelkörpers betrug 525 g.
Wie groß war die Geschwindigkeit des Geschosses?

Analyse:
Zur Lösung kann die auf S. 70 hergeleitete Gleichung genutzt werden.

Gesucht: v_1

Gegeben: $m_1 = 7{,}5\,\text{g}$
$\qquad\qquad m_2 = 525\,\text{g}$
$\qquad\qquad h \ = 12\,\text{cm}$

Lösung:
Die Geschossgeschwindigkeit kann man folgendermaßen berechnen:

$$v_1 = \frac{m_1 + m_2}{m_1}\sqrt{2g \cdot h}$$

$$v_1 = \frac{7{,}5\,\text{g} + 525\,\text{g}}{7{,}5\,\text{g}}\sqrt{2 \cdot 9{,}81\,\frac{\text{m}}{\text{s}^2} \cdot 0{,}12\,\text{m}}$$

$$v_1 = 110\,\text{m/s}$$

Ergebnis:
Die Geschwindigkeit des Geschosses betrug 110 m/s oder rund 400 km/h.
Wie groß der Fehler bei diesem Ergebnis ist, hängt wesentlich von zwei Faktoren ab.
Zum einen treten bei der Bestimmung der Massen und der Höhe h Messfehler auf. Zum anderen wurde vorausgesetzt, dass der Stoß vollkommen unelastisch verläuft. Das ist aber nur näherungsweise der Fall.

Lösen experimenteller Aufgaben

Das Experiment ist neben der Arbeit mit Modellen und theoretischen Überlegungen ein unverzichtbares Mittel, um in der Physik zu neuen Erkenntnissen zu gelangen und um theoretische Erkenntnisse zu bestätigen. Das Ziel eines Experiments besteht darin, eine Frage an die Natur zu beantworten. Dazu wird eine Erscheinung der Natur unter ausgewählten, kontrollierten und veränderbaren Bedingungen beobachtet und ausgewertet. Die Bedingungen und damit das gesamte Experiment müssen wiederholbar sein. In der Schule werden Experimente u. a. genutzt, um Zusammenhänge zwischen physikalischen Größen zu erkennen und genauer zu untersuchen. Experimente werden auch durchgeführt, um den Wert physikalischer Größen zu bestimmen. Experimente laufen im Wesentlichen in drei Etappen ab: Vorbereitung, Durchführung und Auswertung.

Beim **Vorbereiten eines Experiments** ist zu überlegen,
- welche Größen zu messen sind und wie sie gemessen werden können,
- welche Messfehler auftreten können und wie man sie klein halten kann,
- welche Größen verändert und welche konstant gehalten werden müssen,
- welche Geräte und Hilfsmittel erforderlich sind,
- wie die Experimentieranordnung gestaltet werden muss,
- wie die gewonnenen Messwerte ausgewertet werden sollen.

Beim **Durchführen eines Experiments** werden die erforderlichen Messwerte aufgenommen und protokolliert.

Beim **Auswerten eines Experiments** werden auf der Grundlage der aufgenommenen Messwerte Vergleiche durchgeführt, Diagramme angefertigt und Berechnungen vorgenommen. Dabei wird in Bezug auf die Frage- oder Aufgabenstellung ein Ergebnis formuliert. Bestandteil der Auswertung vieler Experimente sind Fehlerbetrachtungen zur Abschätzung der Genauigkeit der Messungen (s. S. 139 ff.).

Aufgaben

1. Wie ändert sich der Impuls eines Steins, der
   a) senkrecht nach unten fällt,
   b) senkrecht nach oben geworfen wird,
   c) waagerecht geworfen wird?

2. Vergleichen Sie den Impuls eines Fußgängers ($m = 65$ kg, $v = 5$ km/h) mit dem eines Geschosses ($m = 12$ g, $v = 750$ m/s)!

3. Beim Rudern wird der Impulserhaltungssatz genutzt.

   a) Erklären Sie die Vorwärtsbewegung eines Ruderbootes mit Hilfe des Impulserhaltungssatzes!
   b) Wie kann man eine möglichst große Geschwindigkeit erreichen!

4. Zum Antrieb von Flugzeugen werden Strahltriebwerke verwendet.

Erklären Sie die prinzipielle Wirkungsweise eines solchen Strahltriebwerkes!

5. Ein Ziegelstein befindet sich zunächst in Ruhe. Bei starkem Wind lockert er sich und fällt nach unten.
   Erläutern Sie an diesem Beispiel die Gültigkeit des Impulserhaltungssatzes!

6. Ein Geschoss ($m = 12$ g) verlässt den Lauf eines Gewehres der Masse 5,2 kg mit 750 m/s. Wie groß ist die Rückstoßgeschwindigkeit?

7. Zur Überprüfung der Stabilität von Konstruktionen werden Crashtests durchgeführt. Dabei lässt man z. B. ein Auto gegen eine Wand fahren.

Erläutern Sie diesen Vorgang mit Hilfe des Impulserhaltungssatzes und des Energieerhaltungssatzes!

8. Zum Antrieb von Raketen wird das Rückstoßprinzip genutzt.

Erklären Sie die Wirkungsweise eines Raketentriebwerkes! Gehen Sie auf die Impulse und die wirkenden Kräfte ein!

9. Bei einigen Spielzeugautos nutzt man den Druck der Luft in einem Luftballon als Antriebsmittel (s. Abb.).

Düse

Erläutern Sie, wie der Druck der Luft im Ballon das Fahrzeug antreiben kann!

10. Nennen Sie Beispiele aus Natur und Technik
   a) für näherungsweise unelastische Stöße,
   b) für näherungsweise elastische Stöße!

11. Welche Art von Stößen liegen bei folgenden Sachverhalten vor? Begründen Sie!
   a) Ein Auto fährt gegen einen Baum.
   b) Ein Golfball wird abgeschlagen.
   c) Der Klöppel einer Glocke schlägt an.
   d) Zwei Eisenbahnwaggons werden aneinander gekoppelt.
   e) Ein Geschoss dringt in einen Körper ein.
   f) Ein Stein fällt zu Boden.
   g) Ein Ball wird gegen eine Wand geworfen.

12. Beim Elfmeterschießen wird der 450 g schwere Ball mit 96 km/h auf das Tor geschossen.
   a) Wie groß ist der Impuls des Balles?
   b) Der 72 kg schwere Torwart hat Glück und fängt den Ball.

Mit welcher Geschwindigkeit bewegt er sich dadurch nach hinten?
   c) Welche mittlere Kraft wirkt auf den Torwart, wenn er den Ball innerhalb einer Zehntel Sekunde auffängt?

13. Astronauten führen Montage- und Reparaturarbeiten auch außerhalb des Raumschiffes aus.
   Zur Fortbewegung können Rückstoßpistolen genutzt werden.

   a) Welche mittlere Kraft wirkt auf einen Astronauten, wenn aus der Rückstoßpistole in jeder Sekunde 40 g Gas mit einer Geschwindigkeit von 120 m/s ausströmen?
   b) Wie groß ist die Beschleunigung des Astronauten, wenn er mit Ausrüstung 83 kg wiegt?
   c) Welche Geschwindigkeit erreicht er, wenn er die Rückstoßpistole 3 s lang betätigt?
   d) Wie lange benötigt er, um mit dieser Geschwindigkeit einen Weg von 5 m zurückzulegen?

14. JURI GAGARIN wurde 1961 als erster Mensch mit einer Rakete vom Typ Wostok in eine Erdumlaufbahn geschossen. Die Startmasse dieser Rakete betrug ca. 370 t, der Startschub etwa 5 MN. Die Ausströmgeschwindigkeit der Verbrennungsgase aus den Düsen der Triebwerke betrug 2 500 m/s. Wie groß war die

Treibstoffmenge, die je Sekunde in der Startphase verbraucht wurde?

15. Ein Körper der Masse m stößt senkrecht mit der Geschwindigkeit v gegen eine Wand.
Welche Aussagen kann man über den Impuls vor und nach dem Stoß
a) bei einem unelastischen Stoß,
b) bei einem elastischen Stoß treffen?
Begründen Sie Ihre Aussagen!

16. Ein Güterwagen der Masse 25 t stößt beim Ankoppeln mit 4 km/h gegen einen stehenden Güterwagen der Masse 5 t. Die automatische Kupplung verbindet beide Wagen sofort.
Mit welcher gemeinsamen Geschwindigkeit bewegen sie sich weiter?

17. Ein PKW und ein dreimal so schwerer LKW stoßen frontal zusammen. Der Zusammenstoß kann als unelastischer Stoß angesehen werden.
Begründen Sie, dass ein solcher Unfall für die Insassen des PKW wesentlich gefährlicher ist als für die des LKW?

18. Auf ein Auto der Masse m und der Geschwindigkeit v fährt ein anderes Auto auf. Es hat die gleiche Masse, aber vor dem Auffahren die doppelte Geschwindigkeit. Beide Autos verhaken sich beim Auffahren ineinander und bewegen sich gemeinsam weiter.
a) Wie groß ist die Geschwindigkeit u beider Fahrzeuge unmittelbar nach dem Auffahren?
b) Vergleichen Sie die kinetischen Energien der Autos vor und nach dem Auffahren.
c) Wofür ist die Änderung der kinetischen Energie ein Maß?

19. Ein ballistisches Pendel wird durch den Einschuss einer Luftgewehrkugel um 21 mm gehoben. Der Pendelkörper wiegt 250 g, die Gewehrkugel 0,5 g.
Bestimmen Sie die Geschwindigkeit der Gewehrkugel!

20. Das Geschoss einer Pistole ($m = 10$ g) dringt in einen Holzklotz der Masse 600 g ein. Dieser Holzklotz liegt auf einer horizontalen Tischplatte und rutscht infolge des Einschusses 5,5 m weit. Die Reibungszahl beträgt 0,4.
Welche Geschwindigkeit hatte das Geschoss?

21. Zur Demonstration elastischer Stöße kann man einen Kugelstoßapparat nutzen. Lässt man eine Kugel gegen die anderen stoßen, so bewegt sich ebenfalls eine Kugel weg. (Abb. a). Lässt man zwei Kugeln stoßen, so bewegen sich ebenfalls zwei Kugeln weg (Abb. b).

a)

b)

Erklären Sie die beiden Erscheinungen!

22. Die Abbildung zeigt den Wellenlängenbereich des sichtbaren Lichtes.

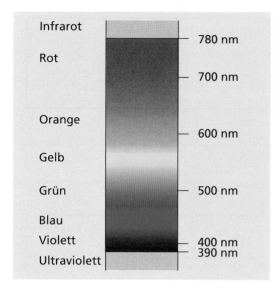

a) Wie groß sind die Frequenzen des gerade noch sichtbaren Lichtes?
b) Berechnen Sie jeweils die Energie, den Impuls und die Masse der Fotonen! Vergleichen Sie die Werte!

23. Interpretieren Sie die Gleichungen $E = m \cdot c^2$ und $\Delta m = \Delta E/c^2$!

24. Die Sonne gibt ständig Energie an den sie umgebenden Raum ab. Welche Folgerungen kann man daraus für die Masse der Sonne ableiten?

25. Die Leuchtkraft der Sonne beträgt $3{,}8 \cdot 10^{26}$ W. Welche Folgerungen kann man daraus über die Veränderung der Masse der Sonne ableiten?

26. Ein Körper strahlt Licht ab, ohne dass ihm Energie zugeführt wird. Welche der nachfolgenden Aussagen ist richtig? Begründen Sie!
a) Seine Masse verringert sich.
b) Seine Masse verändert sich nicht.
c) Seine Masse vergrößert sich.

27. Ein Körper absorbiert Licht, ohne dass er selbst Energie abgibt. Welche der nachfolgenden Aussagen ist richtig? Begründen Sie!
a) Seine Masse verringert sich.
b) Seine Masse verändert sich nicht.
c) Seine Masse vergrößert sich.

28. Eine Natriumdampflampe sendet Licht mit der Wellenlänge $\lambda = 589$ nm aus. Die Strahlungsleistung der Lichtquelle beträgt 75 mW.
a) Wie groß ist die Energie der Fotonen des ausgestrahlten Lichtes?
b) Wie viele Fotonen werden in jeder Sekunde emittiert?
c) In welcher Entfernung von der Lichtquelle reagiert eine Fotozelle noch auf diese Strahlung, wenn ihre Empfindlichkeit $6 \cdot 10^{-13}$ W/cm^2 beträgt?

29. Die Skizze zeigt das Energieniveauschema für Rubin, das als Material bei Lasern verwendet wird. Das Niveau E_2 ist der metastabile Zustand.

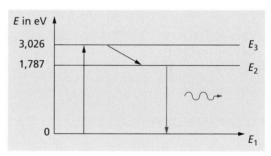

a) Wie groß sind die Energie und die Masse der abgestrahlten Fotonen?
b) Wie groß ist die Wellenlänge des von einem Rubinlaser abgestrahlten Lichtes und welche Farbe hat es?
c) Zur Satellitenortung wird ein Lasergerät genutzt. Es sendet Impulse mit einer Leistung von 25 MW und einer Dauer von 30 ns bei einer Wellenlänge von 694,3 nm aus. Wie viele Fotonen enthält jeder Impuls?

Das Wichtigste im Überblick

Der Impuls $\vec{p}$ kennzeichnet den Bewegungszustand eines Körpers.

$$\vec{p} = m \cdot \vec{v}$$

Der Kraftstoß $\vec{I}$ kennzeichnet die Wirkung einer Kraft auf einen Körper.

$$\vec{I} = \vec{F} \cdot \Delta t$$

Der Impuls ist eine vektorielle **Zustandsgröße**.

Der Kraftstoß ist eine vektorielle **Prozessgröße**.

Zwischen dem Kraftstoß auf einen Körper und seinem Impuls gelten folgende Beziehungen:

$$\vec{I} = \Delta\vec{p} \qquad \text{oder} \qquad \vec{F} \cdot \Delta t = m \cdot \Delta\vec{v}$$

Neben dem **Energieerhaltungsatz** ist der **Impulserhaltungssatz** ein weiterer grundlegender Erhaltungssatz. Er lautet:

In einem abgeschlossenen System ist der Gesamtimpuls konstant.

$$\vec{p} = \vec{p}_1 + \vec{p}_2 + \ldots + \vec{p}_n = \text{konstant}$$

Bei **Stößen** kann man zwischen **zentralen unelastischen** und **zentralen elastischen Stößen** unterscheiden. Beides sind Idealisierungen, die in der Praxis nur näherungsweise auftreten.

zentraler unelastischer Stoß

Es treten zwischen den Körpern keine elastischen Wechselwirkungen auf.

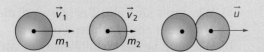

Es gilt der Impulserhaltungssatz, nicht aber der Energierhaltungssatz der Mechanik.
$$m_1 \cdot v_1 + m_2 \cdot v_2 = (m_1 + m_2)\, u$$

zentraler elastischer Stoß

Es treten zwischen den Körpern nur elastische Wechselwirkungen auf.

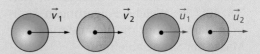

Neben dem Impulserhaltungssatz gilt auch der Energieerhaltungsatz der Mechanik. Die Gleichungen für die Geschwindigkeiten nach dem Stoß sind auf S. 64 angegeben.

ENERGIE UND ENTROPIE

Energie ist die Fähigkeit eines Körpers, mechanische Arbeit zu verrichten, Wärme abzugeben oder Licht auszusenden. Allerdings eignen sich einige Energieformen besser als andere, um sie in nutzbare mechanische Arbeit zu überführen. Die in einer Batterie gespeicherte chemische Energie kann recht einfach in elektrische und mechanische Energie umgewandelt werden und dann Arbeit verrichten. Die Abwärme eines Kraftwerkes kann teilweise für Heizzwecke genutzt werden; es ist aber keine Arbeit mehr zu gewinnen. Die unterschiedliche Wertigkeit der einzelnen Energieformen lässt sich mit Hilfe des Begriffes **Entropie** verstehen. Die Entropie ist eine grundlegende physikalische Größe. Durch sie kann man auch erklären, warum es Naturvorgänge gibt, die stets in einer bestimmten Richtung verlaufen, wenn sie nicht von außen beeinflusst werden.

Energie und Entropie

Umkehrbar oder nicht umkehrbar?

Im täglichen Leben kommt es immer wieder zu Missgeschicken. Man tritt versehentlich auf ein Stück Kreide, schüttet Zucker in das Gefäß für Speisesalz oder hat vergessen, den Bausand rechtzeitig vor einem Sturm mit einer Plane abzudecken. Die Kreide ist völlig zerkrümelt, Zucker und Salz können kaum noch voneinander getrennt werden und der Bausand ist für immer verstreut. In jedem Fall ist der Fehler nur mit großem Aufwand oder gar nicht wieder rückgängig zu machen.

Gibt es physikalische Merkmale, mit deren Hilfe man solche Vorgänge beschreiben kann? Warum lassen sie sich nicht so einfach wieder rückgängig machen?

Der ideale Automotor

Um die Umweltbelastungen möglichst gering zu halten, strebt man den Bau von Automotoren an, die effizient und sparsam arbeiten. Ein Wunschtraum vieler Autobesitzer ist es, einen Motor zu besitzen, der die chemische Energie des Kraftstoffes vollständig in Bewegungsenergie überführt.

Werden die Ingenieure jemals einen solchen Motor konstruieren können? Was ist zu beachten, wenn man effiziente Automotoren bauen will? Welche Motortypen arbeiten besonders wirtschaftlich?

Eine unerschöpfliche Energiequelle

Das Wasser der Ozeane besitzt thermische Energie. Jedes Wasserteilchen verfügt über Bewegungsenergie. Wenn es möglich wäre, die im Wasser der Ozeane gespeicherte Energie technisch zu nutzen, stünde der Menschheit eine fast unerschöpfliche Energiequelle zur Verfügung.

Könnte man eine Maschine bauen, welche die regellose Wärmebewegung der Ozeane in nutzbare Arbeit umwandelt? Würde eine solche Maschine gegen Naturgesetze verstoßen?

Grundlagen

Reversible und irreversible Vorgänge

Wir lassen in einem Gedankenexperiment zwei verschiedene Kugeln von gleicher Höhe auf den Boden fallen. Eine Kugel bestehe aus Plastilina, die andere aus völlig elastischem Gummi (Abb. 1).
Beide Kugeln werden beim Aufprall verformt. Während die flach gedrückte Kugel aus Plastilina auf der Erde verbleibt, wandelt sich die Verformungsenergie der Gummikugel wieder in Bewegungsenergie um – die Kugel springt wieder in die Ausgangslage zurück.
Angenommen, man hätte beide Vorgänge mit einer Filmkamera festgehalten und würde sich den Film nun rückwärts anschauen. Einerseits wäre zu sehen, wie eine Gummikugel fallen gelassen wird und nach dem Aufschlag wieder in die Ausgangslage zurückkehrt. Man würde nicht merken, dass der Film rückwärts abgespielt wird, denn ähnliche Bewegungsabläufe sind z. B. aus Ballspielen bekannt. Andererseits wäre man völlig überrascht, wenn man auf dem Film sehen könnte, wie sich ein unförmiges Stück Plastilina von selbst zu einer Kugel formt und sich unmittelbar danach über den Erdboden erhebt. Ein solche Ereignisabfolge widerspricht allen unseren Erfahrungen.

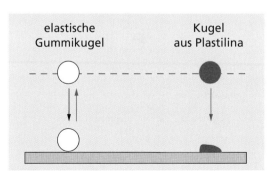

1 Der Vorgang ist bei der elastischen Kugel umkehrbar, bei der Kugel aus Plastilina dagegen nicht umkehrbar.

> Vorgänge in Natur und Technik, die von einem Ausgangszustand aus von allein wieder zu diesem Ausgangszustand führen, bezeichnet man als **reversible oder umkehrbare Vorgänge.**

Beispiele dafür sind die Schwingungen eines Federschwingers oder eines Fadenpendels, wenn man annimmt, dass dabei keine mechanische Energie in andere Energieformen umgewandelt wird.

> Vorgänge in Natur und Technik, die von einem Ausgangszustand aus in einer bestimmten Richtung ablaufen und bei denen von allein der Ausgangszustand nicht wieder erreicht wird, nennt man **irreversible** oder **nicht umkehrbare Vorgänge.**

Beispiele dafür sind das Herabfallen eines Steines auf den Erdboden, das Abkühlen von heißem Tee oder die Vorgänge beim Abbremsen eines Fahrrades.
Sowohl reversible als auch irreversible Vorgänge lassen sich mit Hilfe des Energieerhaltungssatzes (s. S. 34) beschreiben.
Das in Abb. 1 dargestellte Experiment mit der Gummikugel ist durch folgende Energieumwandlungen gekennzeichnet:

$$E_{pot} \longrightarrow E_{kin} \longrightarrow E_{Verformung} \longrightarrow E_{kin} \longrightarrow E_{pot}$$

Um die Energieumwandlungen der Plastilinakugel zu verstehen, ist eine einfache Temperaturmessung erforderlich. Durch diese würde man feststellen, dass sich die Temperatur der Knetmasse nach dem Aufprall erhöht und somit ihre thermische Energie zugenommen hat. Insgesamt geschehen bei diesem Experiment die folgenden Energieumwandlungen:

$$E_{pot} \longrightarrow E_{kin} < \genfrac{}{}{0pt}{}{E_{therm}}{E_{Verformung}}$$

Am Ende kühlt sich die Knetmasse wieder ab. Dabei wird die zusätzliche thermische Energie in Form von **Wärme** an die Umgebung abgegeben.

Offensichtlich genügen beide Energieumwandlungsketten dem Energieerhaltungssatz. Dieser Satz würde jedenfalls nicht verbieten, dass die genannten Umwandlungsketten auch rückwärts ablaufen, obgleich dies im zweiten Fall jeglicher Erfahrung widerspricht. Auch der sogenannte „gesunde Menschenverstand" sträubt sich regelrecht gegen diese Vorstellung. Insgesamt ergibt sich:

> Der Energieerhaltungssatz erlaubt keine Entscheidung darüber, ob ein Vorgang reversibel oder irreversibel ist.

Reversibilität und Energieerhaltung in der Mechanik

Einige Beispiele für näherungsweise reversible Vorgänge in der Mechanik sind in der Abb. 1 dargestellt.

Analysiert man diese Vorgänge unter dem Gesichtspunkt der Energieerhaltung und nimmt man an, dass zumindest für kurze Zeiträume keine mechanische Energie in andere Energieformen umgewandelt wird, dann ergibt sich:

> Für reversible Vorgänge gilt der Energieerhaltungssatz der Mechanik.

Dabei ist zu beachten, dass immer die gesamte mechanische Energie eines Systems in die Betrachtungen einbezogen werden muss. Dazu gehören nicht nur die kinetische und die potentielle Energie aufgrund der Lage eines Körpers, sondern auch die potenzielle Energie infolge elastischer Verformung und die Energie, die Körper aufgrund ihrer Rotation um eine Achse haben. Sie wird als **Rotationsenergie** E_{rot} bezeichnet und hängt von der Drehzahl und der Masseverteilung bezüglich der Drehachse ab.

Analysiert man allerdings die in Abb. 1 beschriebenen Vorgänge genauer, dann zeigt sich: Es gibt einige mechanische Bewegungen, bei denen die Reibung so verschwindend gering ist, dass man sie – auch über sehr lange Zeiträume hinweg – vernachlässigen darf. Ein Beispiel hierfür ist die Bewegung der Erde um die Sonne.

Bei einem Fadenpendel oder einem Federschwinger stellt man aber schon nach relativ kurzer Zeit fest, dass aufgrund der Reibung die Amplituden abnehmen. Mechanische

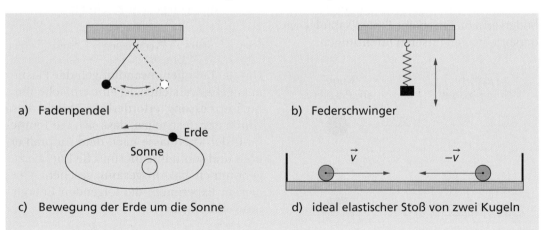

a) Fadenpendel   b) Federschwinger

c) Bewegung der Erde um die Sonne   d) ideal elastischer Stoß von zwei Kugeln

1 Bei den dargestellten Vorgängen wird nach einer bestimmten Zeit der Ausgangszustand wieder erreicht. Es handelt sich um näherungsweise reversible Vorgänge.

a) Abbremsen eines Autos   b) Abkühlen von Tee   c) Leuchten einer Glühlampe

1   Einige irreversible Prozesse, die mit Abgabe von Wärme an die Umgebung verbunden sind.

Energie wird in thermische Energie umgewandelt. Diese Energie wird an die Umgebung abgegeben. Allgemein gilt:

> In Natur und Technik treten reversible Vorgänge nur als Grenzfall irreversibler Vorgänge auf.

Berücksichtigt man diesen Zusammenhang, darf man viele mechanische Vorgänge als reversibel ansehen.

> Für rein mechanische Vorgänge gilt der Energieerhaltungssatz:
>
> $$E_{mech} = E_{pot} + E_{kin} + E_{rot} = \text{konstant}$$
>
> Reversible Vorgänge sind dadurch gekennzeichnet, dass gilt:
>
> $$\Delta E_{mech} = 0$$

Irreversible Vorgänge und Wärmeabgabe

Wir betrachten einige Vorgänge, die offenbar irreversibel sind, bei denen also nicht von allein der Ausgangszustand wieder erreicht wird (Abb. 1):

– Ein Auto bremst bis zum Stillstand. Die dadurch erhitzten Bremsscheiben geben Wärme an die Umgebung ab.

– Eine Teetasse mit heißem Tee steht auf dem Tisch. Tee und Tasse geben Wärme an die Umgebung ab und verringern dadurch ihre Temperatur.

– In einem geschlossenen Stromkreis, der von einer Batterie gespeist wird, fließt elektrischer Strom durch einen Widerstand. Die erhitzten Drähte und der Widerstand übertragen u. a. Wärme an die Umgebung. Irgendwann ist die Batterie entleert und die Stromfluss hört auf.

Bei allen genannten Vorgängen wird der Ausgangszustand nicht wieder erreicht.

Alle Vorgänge machen sich nicht von allein wieder rückgängig. Ihr gemeinsames Merkmal ist die Abgabe von Wärme an die Umgebung. Prinzipiell könnten sie in umgekehrter Richtung ablaufen, sofern es gelänge, diese Wärme aus der Umgebung zurückzugewinnen und als nutzbare Energie wieder in das System einzugeben. Die Erfahrung lehrt aber, dass einmal in die Umgebung gelangte Wärme nicht wieder von dort zurückkehrt. Sie ist „verloren".

Um diese Feststellung exakter zu formulieren, benötigt man ein **physikalisches Modell** für die Umgebung des Systems. Die Umgebung einer Versuchsanordnung bilden viele Objekte (Tisch, Luft, andere Experimentiergeräte …), die aus verschiedenen Stoffen mit näherungsweise *gleicher Temperatur* bestehen. An der Irreversibilität der oben beschriebenen Vorgänge würde sich nichts ändern, wenn die Wärme nicht in die natürliche Umgebung, sondern stattdessen in nur einen Stoff konstanter Temperatur gelangen würde, der in der Lage sein soll, beliebig viel Wärme aufzunehmen. Beispielsweise könnte dieser Stoff Wasser in einem sehr großen Wasserbecken mit konstanter Temperatur sein.

Ein Objekt, das beliebig viel Wärme aufnehmen oder abgeben kann, bezeichnet man in der Physik als **Wärmebad**.

Mit diesem Modell (Abb. 1) kann man viele, aber keineswegs alle irreversiblen Vorgänge durch folgende Aussage beschreiben:

Wird bei einem beliebigen Prozess Wärme an ein Wärmebad mit konstanter Temperatur übertragen und zerstreut sich diese Wärme im Wärmebad vollständig, dann kann dieser Prozess nicht von allein in der umgekehrten Richtung ablaufen. Er ist irreversibel.

Natürlich lassen sich die in Abb. 1, S. 81 beschriebenen Vorgänge dadurch rückgängig machen, dass man die Anordnungen wieder in ihren Ausgangszustand zurückversetzt. Dazu muss man lediglich das Auto beschleunigen, den Tee wieder erwärmen und die Batterie aufladen, also Arbeit an dem System verrichten. Dabei verursacht man aber bleibende Veränderungen in der Umgebung. Zum Beschleunigen ist Benzin notwendig, Abgase und Abwärme entstehen. Die Wärme zum Erhitzen des Tees stammt letztlich aus der Verbrennung chemischer Stoffe und um die Batterie zu laden, ist ein Ladestrom erforderlich, der wahrscheinlich selbst erst durch vielfache Energieumwandlungen erzeugt worden ist.

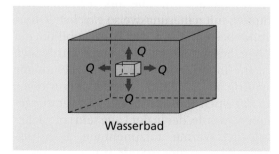

1 Ein Wärmebad darf man sich als sehr großen Wasserbehälter vorstellen, der beliebig viel Wärme aufnehmen kann.

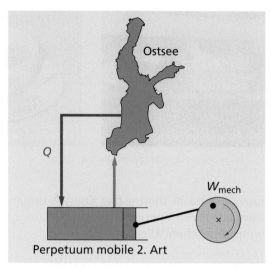

2 Ein Perpetuum mobile 2. Art könnte der Ostsee ständig Wärme entziehen und in mechanische Energie umwandeln. Leider ist diese Vorstellung physikalisch nicht realisierbar.

Das Perpetuum mobile 2. Art

Nach dem Energieerhaltungssatz, der in der Thermodynamik auch als **1. Hauptsatz der Wärmelehre** bezeichnet wird, ist ein Perpetuum mobile 1. Art nicht möglich (s. S. 35).
Denken wir uns eine Maschine, welche unaufhörlich Wärme aus einem Wasserbad konstanter Temperatur zurückholt. Die Energie, die diese Maschine für ihren Eigenbetrieb verbraucht, könnte sie ebenfalls aus der Wärme des Wasserbades beziehen. Eine solche Maschinen würde Wärme in Arbeit umwandeln, und dabei nur das Wasserbad abkühlen und keine weiteren Veränderungen in der Umgebung verursachen. Würde eine solche Maschine – man nennt sie **Perpetuum mobile 2. Art** – existieren, dann könnten alle irreversiblen Prozesse ohne Umweltveränderungen rückwärts ablaufen (Abb. 2). Ein solches Perpetuum mobile 2. Art widerspricht im Unterschied zum Perpetuum mobile 1. Art nicht dem Energieerhaltungssatz, steht aber trotzdem im Gegensatz zu allen Erfahrungen.

Daraus ergibt sich: Es ist nicht möglich, ein Perpetuum mobile 2. Art zu bauen.

Häufig wird diese Aussage als **2. Hauptsatz der Wärmelehre** bezeichnet. Nur der 1. und der 2. Hauptsatz gemeinsam beschreiben die Naturvorgänge korrekt.

Während der 1. Hauptsatz der Wärmelehre eine Aussage über energetisch mögliche Vorgänge trifft, beinhaltet der 2. Hauptsatz eine Aussage darüber, welche Vorgänge in Natur und Technik von allein in einer bestimmten Richtung ablaufen.

Die kürzeste Möglichkeit, Energieerhaltung und Irreversibilität der Naturvorgänge zusammenzufassen, besteht in der folgenden Aussage:

> Es gibt kein Perpetuum mobile 1. und 2. Art.

Mit irreversiblen Vorgängen ist eine weitere Erfahrungstatsache verknüpft. Bringt man einen Körper A mit hoher Temperatur in Kontakt mit einem Körper B geringerer Temperatur, dann gleichen sich nach einer gewissen Zeit beide Temperaturwerte aus. Der heiße Körper kühlt ab, der kältere erwärmt sich. Die Wärme fließt immer von heißeren zum kälteren Körper (Abb. 1). Würde sie in umgekehrter Richtung ausgetauscht, dann müsste sich die Temperatur des heißen Körpers noch weiter erhöhen – ein Vorgang, der in der Natur nicht beobachtet wird. Der Temperaturausgleich ist irreversibel.

Der **2. Hauptsatz der Wärmelehre** kann deshalb auch in folgender Weise formuliert werden:

> Die Wärmeübertragung erfolgt von selbst nur von einem Körper höherer Temperatur zu einem Körper niedrigerer Temperatur.

Irreversibilität im Teilchenmodell

Reversible und irreversible Vorgänge lassen sich anhand verschiedener Merkmale (Zeitumkehr, Wärmeabgabe an die Umgebung) erkennen. Irreversible Vorgänge können auch mit dem **Teilchenmodell** beschrieben werden. Als Beispiel betrachten wir zwei Gase, die im Ausgangszustand voneinander getrennt sind und eine unterschiedliche Temperatur haben (Abb. 2).

Die Teilchen des Gases (A, rot) mit der höheren Temperatur bewegen sich intensiver als die Teilchen des kühleren Gases (B, blau). Die Gase gelangen in Wärmekontakt, wenn man die trennende Schicht zwischen ihnen entfernt. Die Teilchen des heißen Gases sind beweglicher. Sie vermischen sich relativ schnell mit den Teilchen des kühleren Gases, wodurch es zu Zusammenstößen zwischen beiden Teilchensorten kommt.

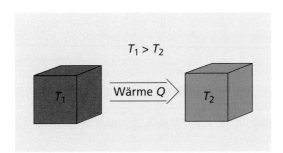

1 Wärme wird stets vom Körper höherer Temperatur zum Körper niedrigerer Temperatur durch Stoffaustausch, Wärmeleitung oder Strahlung transportiert.

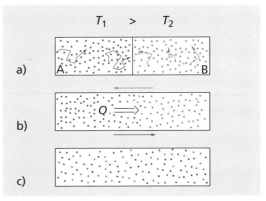

2 Der direkte Wärmeaustausch zwischen zwei Gasen und ihre Durchmischung (Diffusion) ist ein irreversibler Vorgang.

Dabei wird kinetische Energie auf die langsameren Teilchen (B) übertragen. Nach Abschluss des Vorganges sind die Teilchen beider Gase gleichmäßig über das gesamte Volumen verteilt. Das gilt auch für die Energien der Teilchen. Im gesamten Gas herrscht die gleiche Temperatur. Wäre der Vorgang reversibel, so müssten die Teilchen der Gase A und B wieder in ihre Ausgangsvolumen zurückkehren und dabei auch noch solche Stoßprozesse ausführen, bei denen Energie nur auf Teilchen des Gases A übertragen wird. Prinzipiell wäre das möglich, aber äußerst **unwahrscheinlich**.

Irreversibilität und Wahrscheinlichkeit

Die Wahrscheinlichkeit, dass irreversible Prozesse rückwärts ablaufen, lässt sich anhand eines einfachen Modellversuches klären. Wir untersuchen dazu die Frage: *Mit welcher Wahrscheinlichkeit kehrt das Gas A, das sich im Volumen V_2 befindet, wieder in das Volumen V_1 zurück?* V_1 sei dabei die Hälfte von V_2 (Abb. 1).

Ein zufällig herausgegriffenes Teilchen befindet sich mit der Wahrscheinlichkeit $w_2 = 1$ im gesamten Volumen V_2. Die Wahrscheinlichkeit, es im halb so großen Volumen V_1 anzutreffen, ist nur $w_1 = 1/2$. Für ein beliebiges zweites Teilchen ergeben sich die gleichen Wahrscheinlichkeiten.

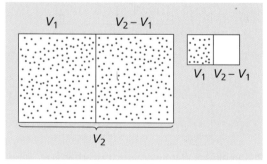

1 Die Rückkehr aller Gasteilchen in das Teilvolumen V_1 (Skizze rechts) ist äußerst unwahrscheinlich.

Die Wahrscheinlichkeit, **beide Teilchen gleichzeitig** in V_1 aufzufinden, ist geringer. Sie beträgt:

$$w_1 = \frac{1}{2} \cdot \frac{1}{2} = \frac{1}{4} \text{ oder } w_1 = \left(\frac{1}{2}\right)^2.$$

Für N Teilchen wäre sie $w_1 = (1/2)^N$; die Wahrscheinlichkeit, dass sich alle N Teilchen im gesamten Volumen befinden ist aber unverändert $w_2 = 1$

Angenommen, jedes Teilchen würde sich durchschnittlich genau 1 Sekunde in jedem Teilvolumen V_1 bzw. $V_2 - V_1$ aufhalten. Dann würde es im Mittel 4 Sekunden dauern, bis sich zwei beliebige Teilchen gleichzeitig im Teilvolumen V_1 befinden. Die folgende Tabelle gibt die Zeit an, die verstreicht, bis man N Teilchen gleichzeitig im Teilvolumen V_1 antreffen würde.

Teilchen-zahl N	Zeit	
2	4 s =	2^2 s
10	1024 s = 17 min 4 s =	2^{10} s
100	$1{,}26765 \cdot 10^{30}$ s = $4 \cdot 10^{22}$ Jahre =	2^{100} s

Das Universum ist höchstens $2 \cdot 10^{10}$ Jahre als. Man müsste wesentlich länger als das Lebensalter des Universums warten, bis sich 100 Teilchen gleichzeitig im Teilvolumen V_1 befinden. An Naturvorgängen sind üblicherweise Teilchenzahlen in der Größenordnung von mehreren Mol beteiligt, also mehr als $6 \cdot 10^{23}$ Teilchen. Das ändert aber nichts an den oben genannten Wahrscheinlichkeiten. Im vorliegenden Beispiel ist es $W = 2^N$ mal wahrscheinlicher, dass alle N Teilchen im gesamten Volumen V_2 als im Teilvolumen V_1 anzutreffen sind. W ist das Verhältnis w_2/w_1 der Einzelwahrscheinlichkeiten. Insgesamt gelangt man im Teilchenbild zu folgender Auffassung über irreversible Vorgänge:

Irreversible Vorgänge laufen deshalb von allein nur in einer bestimmten Richtung ab, weil die Wahrscheinlichkeit für ihre Umkehr extrem gering ist.

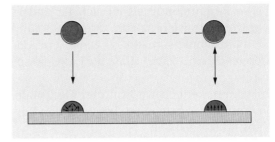

1 Das auf S. 79 beschriebene Experiment kann im Wahrscheinlichkeitsbild neu gedeutet werden. Die Plastilinakugel könnte sich zurückbewegen, wenn sich ihre Teilchen nicht regellos, sondern gerichtet bewegen würden. Das ist aber äußerst unwahrscheinlich.

Die Ausbreitung der Teilchen in einen Volumen ist ein rein mechanischer Vorgang, denn es kommt dabei nur zu mechanischen Wechselwirkungen in Form von Stößen zwischen den Teilchen untereinander und mit den Gefäßwänden.

Der wesentliche Unterschied zu den auf S. 80 dargestellten reversiblen mechanischen Vorgängen besteht darin, dass dort nur wenige Körper beteiligt sind und mikroskopische Betrachtungen keine Rolle spielen.

Die Entropie

In der Physik wird angestrebt, Naturprozesse mit Hilfe physikalischer Größen zu untersuchen. Deshalb ist die Frage naheliegend, ob eine physikalische Größe definiert werden kann, anhand der sich die Irreversibilität eines konkreten Prozesses beschreiben lässt. Diese Größe gibt es, man nennt sie **Entropie**.

Die Entropie ist eine physikalische Größe, mit deren Hilfe man die Irreversibilität eines Vorganges beschreiben kann.

Formelzeichen: S

Einheit:　　　　1 Joule pro Kelvin (1 J/K)

Wie auf S. 84 dargestellt ist, nimmt ein System einen ganz bestimmten Endzustand (E) mit der Wahrscheinlichkeit w_2 an. Ist w_2 viel größer als die Wahrscheinlichkeit für den Ausgangszustand (A) w_1, ist also $W = w_2 / w_1$ eine sehr große Zahl, dann ist der betrachtete Vorgang irreversibel.

W ist somit ein Maß für die Irreversibilität. Man nutzt diesen Zusammenhang für die

Festlegung der physikalischen Größe Entropie und definiert:

Je größer für ein System das Verhältnis der Wahrscheinlichkeiten W ist, desto größer soll die Änderung der Entropie ΔS dieses Systems sein, wenn es vom Ausgangszustand (A) in den Endzustand (E) gelangt.

Diese Aussage wäre mathematisch als direkte Proportionalität zwischen ΔS und W auszudrücken. Aus bestimmten Gründen verwendet man statt der Zahl W den logarithmierten Wert von W, wobei man den natürlichen Logarithmus (ln) bevorzugt. Man schreibt also:

$$\Delta S \sim \ln W$$

Betrachtet man noch einmal den auf S. 84 untersuchten Modellvorgang „Ausbreitung von Teilchen in ein größeres Volumen", wird folgender Zusammenhang deutlich: Nach der Vergrößerung der Entropie sind die Teilchen weiter im Raum verteilt, ihr Ordnungszustand hat abgenommen. Daraus ergibt sich eine anschauliche Deutung der Entropieerhöhung.

Vergrößert sich die Entropie eines physikalischen Systems, dann geht dieses System von einem Zustand höherer Ordnung in einen Zustand geringerer Ordnung über.

Diese Beschreibung eignet sich besonders zur Charakterisierung von Verteilungs- und Durchmischungsprozessen. Diese sind dadurch gekennzeichnet, dass die Entropie zunimmt.

Insgesamt kennen wir nun **drei Merkmale**, anhand derer man einen **irreversiblen Vorgang** erkennen kann:

1. Wärme wird an die Umgebung abgegeben und zerstreut sich dort.
2. Ein System gelangt in einen Zustand größerer Unordnung.
3. Die Energie und die Teilchen des Systems nehmen eine wahrscheinlichere Verteilung an.

Die Messung der Entropie

Den Zusammenhang $\Delta S \sim \ln W$ kann man zwar für Berechnungen, nicht aber für eine praktikable Messung der Entropieänderung verwenden, denn es ist angesichts der großen Teilchenzahlen ausgeschlossen, ihre möglichen Verteilungen durch Abzählen zu ermitteln. Eine Messvorschrift für die Entropie ergibt sich aus der nachfolgenden Überlegung. Dabei betrachten wir den Vorgang der Volumenausdehnung eines Gases.

Ein heißer Körper gebe allmählich Wärme an einen mit Gas gefüllten Zylinder ab, wodurch sich ein frei beweglicher Kolben verschiebt und damit Arbeit verrichtet wird (Abb. 1).

Durch die Ausdehnung gelangen die Gasteilchen in ein größeres Volumen, die Entropie des Gases nimmt somit zu. Offenbar sind Wärmeaufnahme und Entropieerhöhung gleichwertig. Je mehr Wärme aufgenommen wird, umso weiter dehnt sich das Gas aus und umso stärker nimmt die Entropie im Gas zu. Es gilt also $\Delta S \sim Q$.

Bei dem beschriebenen Vorgang sind jedoch zwei Dinge besonders wichtig:

1. Die Temperatur im Gas muss konstant bleiben. Durch eine Temperaturänderung würde sich nämlich die Wärmebewegung und damit der Grad an „Unordnung" im Gas zusätzlich verändern. Deshalb muss man die Wärmeaufnahme des Gases auf eine feste Temperatur T beziehen, also anstatt Q den Ausdruck Q/T betrachten.

2. Wenn der Vorgang sehr schnell abläuft, würde sich z. B. Reibungswärme zwischen Kolben und Zylinder bilden und irreversibel in die Umgebung entweichen. Dadurch würde die gesamte Wärmebilanz verfälscht. Die Wärmezufuhr muss also ohne zusätzliche Reibungswärme und somit reversibel erfolgen. Das könnte man durch eine Speicherung der mechanischen Ausdehnungsarbeit – etwa in einer gespannten Stahlfeder – erreichen. Die gespeicherte Arbeit wäre dann jederzeit verwendbar, um den Kolben langsam (reibungsfrei) in den Zylinder zu drücken und dadurch den Anfangszustand wieder herzustellen.

Insgesamt kann man die Entropieänderung somit durch die Gleichung

$$\Delta S = \frac{Q}{T}$$

ermitteln. Q ist dabei die Wärme, die das System bei der festen Temperatur T reversibel aufnimmt oder abgibt. T ist die Temperatur des Systems in der Einheit Kelvin.

Zusammenfassend lässt sich formulieren:

> Man kann die Entropieänderung einerseits durch den Term Q/T, andererseits durch die Proportionalität zu $\ln W$ kennzeichnen.

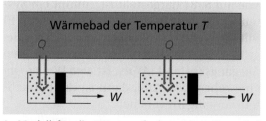

1 Modell für die Wärmeaufnahme eines Gases bei konstanter Temperatur. Der Vorgang ist reversibel.

Der Term ln W ist eine reine Zahl, die Einheit von Q/T ist J/K. Beide Darstellungen lassen sich durch einen Proportionalitätsfaktor k zur Übereinstimmung bringen.

> Für die Änderung der Entropie gilt:
> $$\Delta S = k \cdot \ln W \text{ oder } \Delta S = Q/T$$

Damit beide Gleichungen die Änderung derselben physikalische Größe verdeutlichen, muss k die Einheit J/K besitzen. Der österreichische Physiker LUDWIG BOLTZMANN (1844–1906) zeigte als Erster, dass beide Möglichkeiten, die Entropieänderung auszudrücken, gleichwertig zueinander sind. Ihm zu Ehren nennt man die Konstante k BOLTZMANN-Konstante. Die BOLTZMANN-Konstante beträgt $1{,}380\,658 \cdot 10^{-23}$ J/K.

Die Entropieänderung in physikalischen Systemen

Ein physikalisches System kann Wärme aufnehmen oder abgeben. Dabei vergrößert oder verkleinert sich seine Entropie. Tauscht ein System keine Energie und keinen Stoff mit seiner Umgebung aus, dann bezeichnet man es als **abgeschlossenes System** (s. S. 34). Obgleich keine Wärme aus einem abgeschlossenes System hinausströmt, könnten innerhalb des Systems Prozesse erfolgen, bei denen Wärme von einem heißen auf einen kühlen Körper strömt, bei denen das System in einen Zustand größerer Unordnung gelangt, bei denen das System einen wahrscheinlicheren Zustand annimmt. Dann läuft im System ein irreversibler Vorgang ab und die Entropie erhöht sich. Insgesamt folgt:

> In einem abgeschlossenen System kann sich die Entropie niemals verkleinern. Sie kann nur konstant bleiben oder zunehmen. Es gilt immer $\Delta S \geq 0$.

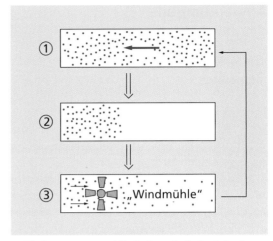

1 Ein Perpetuum mobile 2. Art würde funktionieren, wenn sich die Gasteilchen immer wieder von allein in einen höheren Ordnungszustand versetzen würden.

Diese Aussage ist gleichbedeutend mit der Unmöglichkeit, ein Perpetuum mobile 2. Art zu bauen (Abb. 1).

Könnte die Entropie in einem abgeschlossenen System ohne äußere Eingriffe von Zeit zu Zeit abnehmen, dann würde sich dieses System auch immer wieder von allein in einen höheren Ordnungszustand versetzen. Dann könnte man aber nach Abb. 1 eine einfache Vorrichtung bauen, die nichts anderes als ein Perpetuum mobile 2. Art wäre.

Der 2. Hauptsatz der Wärmelehre lässt sich dann nach RUDOLF CLAUSIUS (1822 – 1888) auch folgendermaßen formulieren:

> Bei einem irreversiblen Vorgang im abgeschlossenen System erhöht sich die Entropie ($\Delta S > 0$) und strebt einem Maximum zu.

Für einen reversiblen Prozess als Grenzfall eines irreversiblen Prozesses gilt $\Delta S = 0$.

Als R. CLAUSIUS den 2. Hauptsatz der Wärmelehre im Jahre 1863 formulierte, wurden zahlreiche Einwände erhoben. Erst nachdem L. BOLTZMANN 1877 die Änderung der Entropie anschaulich als Änderung von Verteilungswahrscheinlichkeiten gedeutet hatte, verstummten diese Einwände allmählich.

Anwendungen

Wärmekraftmaschinen und Wärmepumpen

Da es kein Perpetum mobile 2. Art gibt, kann die in einem Wärmebad befindliche Wärme nicht ohne weiteres in mechanische Arbeit umgewandelt werden.
Wie kann man aber dann Wärme in mechanische Arbeit umwandeln und technisch nutzbar machen? Nach welchem Prinzipen arbeiten Wärmekraftmaschinen wie Dieselmotoren oder Dampfmaschinen?

Wärme eignet sich nur in dem Moment zur Umwandlung in Arbeit, wenn sie ihrer natürlichen Richtung folgend von einem heißen in ein kaltes Wärmebad strömt. **Wärmekraftmaschinen** nutzen diesen Wärmestrom und zweigen einen gewissen Teil von ihm ab, aus dem sie dann Arbeit gewinnen.
Die Energieumsetzung für beliebige Wärmekraftmaschinen ist in Abb. 1 dargestellt.
Bei ihnen wird Wärme bei höherer Temperatur zugeführt und bei niedrigerer Temperatur abgegeben, wobei diese Wärmeabgabe häufig an die Umgebung erfolgt. Im Idealfall wird die Wärmedifferenz $Q_1 - Q_2$ in technisch nutzbare mechanische Arbeit umgewandelt. Im Realfall verringern Wärmeverluste und Reibung den Anteil der nutzbaren mechanischen Arbeit.

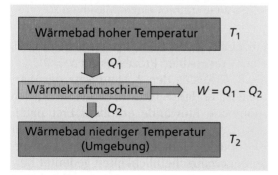

1 Energieflüsse bei einer Wärmekraftmaschine

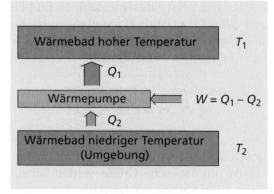

2 Energieflüsse bei einer Wärmepumpe

Der bei Wärmekraftmaschinen ablaufende Prozess lässt sich auch mit Hilfe der Entropie beschreiben.
Bei der Aufnahme von Wärme bei hoher Temperatur T_1 nimmt die Entropie zu:

$$\Delta S_1 = \frac{Q_1}{T_1} > 0$$

Bei der Abgabe von Wärme bei niedriger Temperatur T_2 verringert sich die Entropie:

$$\Delta S_2 = \frac{Q_2}{T_2} < 0$$

Insgesamt gibt eine reale Wärmekraftmaschine mehr Entropie ab, als sie aufnimmt. Sie exportiert Entropie. Das ist eine andere Formulierung für die Fähigkeit einer Wärmekraftmaschine, Arbeit zu verrichten und dabei Energie zu entwerten.

Wärmepumpen (Abb. 2) unterscheiden sich von Wärmekraftmaschinen dadurch, dass sie bei einer tiefen Temperatur T_2 Wärme aufnehmen und Wärme bei einer hohen Temperatur T_1 abgeben. Wärmepumpen kehren den natürlichen Wärmestrom um. Das geht wegen des 2. Hauptsatzes der Wärmelehre nur dann, wenn man mechanische Arbeit in sie „hineinsteckt", den Vorgang also von außen antreibt.

Die ideale Wärmekraftmaschine und die Arbeitsfähigkeit von Wärme

Wärmekraftmaschinen sollen möglichst effizient arbeiten, also viel Wärme in Arbeit umwandeln.

Kann man eine Wärmekraftmaschine bauen, welche die gesamte Wärme in Arbeit umwandelt? Ist dieses Ziel zu erreichen, wenn eine solche Maschine reibungsfrei läuft?

Eine **ideale Wärmekraftmaschine** soll ohne Reibungswärme arbeiten. Eine solche Maschine durchläuft einen Kreisprozess reversibel, nimmt also während eines Durchlaufes genau so viel Entropie auf wie sie abgibt, so dass ingesamt gilt: $\Delta S = 0$.
Für eine Wärmekraftmaschine (s. Abb. 1, S. 88) lautet die Wärmebilanz:
$$Q = Q_1 - Q_2$$
Dabei hat zuströmende Wärme ein positives, abströmende Wärme ein negatives Vorzeichen. Nach dem Energieerhaltungssatz muss die Differenz $Q_1 - Q_2$ gleich der von ihr verrichteten Arbeit sein (Abb. 1):
$$W = Q_1 - Q_2$$
Bei Wärmeaufnahme vergrößert sich die Entropie der gesamten Maschine um ΔS_1, bei Wärmeabgabe verkleinert sie sich um ΔS_2. Mit $\Delta S = 0$ ergibt sich:

$$\Delta S_1 - \Delta S_2 = \frac{Q_1}{T_1} - \frac{Q_2}{T_2} = 0 \text{ und damit}$$

$$\Delta S_1 = \Delta S_2 \text{ und}$$

$$\frac{Q_1}{T_1} = \frac{Q_2}{T_2}$$

Für die nutzbare mechanische Arbeit ergibt sich dann:
$$W = Q_1 - Q_2 \text{ mit } Q = \Delta S \cdot T$$
$$W = \Delta S_1 \cdot T_1 - \Delta S_2 \cdot T_2$$
$$W = \Delta S (T_1 - T_2)$$
Das bedeutet: Eine ideale Wärmekraftmaschine kann umso mehr Arbeit verrichten, je größer der Temperaturunterschied ist, mit dem sie betrieben wird.

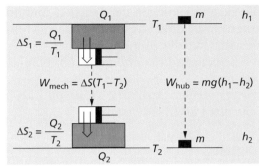

1 Vergleich zwischen der mechanischen Arbeit einer Wärmekraftmaschine (links) und der Arbeit, die ein gehobener Körper verrichten kann (rechts)

Analog sind die Verhältnisse bei der Arbeit, die ein gehobener Körper verrichten kann (Abb. 1): Sie hängt neben der Masse von dem Höhenunterschied ab.
Da die Wärmekraftmaschine die aufgenommene Entropie wieder abgeben muss, ist eine Wärmeabgabe bei einer tieferen Temperatur erforderlich. Das bedeutet: Nicht die gesamte aufgenommene Wärme kann in Arbeit umgesetzt werden.

Entropieänderungen beim Wechsel des Aggregatzustandes

Um 1 kg Eisen zu schmelzen, muss man ihm Wärme zuführen. Diese Änderung des Aggregatzustandes ist mit einer Erhöhung der Entropie verbunden. Das ist sofort zu erkennen, wenn man den Ordnungszustand der Moleküle im festen Eisen mit der im flüssigen Eisen vergleicht (Abb. 2).

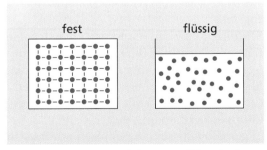

2 Der Ordnungszustand der Eisenteilchen im festen und im flüssigen Aggregatzustand ist unterschiedlich.

Die Lagebeziehungen der Teilchen sind im festen Eisengitter wesentlich übersichtlicher. Ihr Grad der Ordnung ist höher.

Wie kann man die Zunahme der Entropie berechnen?

Wie verändert sich die Entropie beim Schmelzen und beim Erstarren?

Analyse:

Das Eisen wird bis zur Schmelztemperatur von 1 540 °C erwärmt. Dann wird dem Eisen so lange Wärme zugeführt, bis es vollständig geschmolzen ist. Während des Schmelzens bleibt die Temperatur konstant. Die zum Schmelzen erforderliche Wärme ist gleich der Schmelzwärme Q_S, die mit der Gleichung $Q_S = q_S \cdot m$ berechnet werden kann.

Gesucht: ΔS

Gegeben: $m = 1\,\text{kg}$

$\qquad T = 1\,540\,°\text{C} = 1\,813\,\text{K}$

$\qquad q_S = 275\,\text{kJ/kg}$

Lösung:

Für die Entropieveränderung gilt die Gleichung

$$\Delta S = \frac{Q}{T}$$

Mit $Q = Q_S = q_S \cdot m$ erhält man:

$$\Delta S = \frac{q_s \cdot m}{T}$$

$$\Delta S = \frac{275\,\dfrac{\text{kJ}}{\text{kg}} \cdot 1\,\text{kg}}{1\,813\,\text{K}}$$

$$\Delta S = 0{,}152\,\text{kJ/K}$$

Ergebnis:

Schmilzt 1 kg Eisen, dann erhöht sich seine Entropie um 0,152 kJ/K. Änderungen des Aggregatzustandes sind mit der Zufuhr oder Abgabe von Wärme bei konstanter Temperatur und damit auch mit einer Änderung der Entropie verbunden.

Allgemein gilt: Beim Schmelzen erhöht sich die Entropie eines Körpers, beim Erstarren verringert sie sich.

Entropieproduktion und Energieentwertung

Nach dem Energieerhaltungssatz ist die Energie eines abgeschlossenen Systems konstant. Das gilt für beliebige abgeschlossene Systeme. Trotzdem sprechen wir von **Energieverbrauch** oder auch von **Entwertung von Energie**.

Wie kann man den Wert von Energie kennzeichnen? Gibt es ein Maß für den Wert von Energie?

Der Wert von Energie, die in einer bestimmten Form vorliegt, kann in unterschiedlicher Weise gekennzeichnet werden. Mögliche Aspekte der Bewertung sind ihre Umwandelbarkeit in andere Energieformen und deren Nutzbarkeit, ihre Speicherfähigkeit oder die Möglichkeit, sie zu transportieren.

Unter diesen Aspekten kann man zwischen hochwertigen und minderwertigen Energien unterscheiden. So ist z. B. thermische Energie hoher Temperatur hochwertiger als die technisch kaum nutzbare thermische Energie niedriger Temperatur. Elektrische Energie ist hochwertig, weil man sie gut transportieren und in viele andere Energieformen umwandeln kann.

Als Maß für den Wert der Energie eines Systems eignet sich die Entropie. Wir betrachten dazu ein abgeschlossenes System mit zwei Körpern, die zunächst eine unterschiedliche Temperatur haben (Abb. 1).

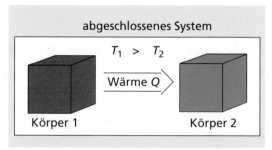

1 In einem abgeschlossenen System erfolgt ein Temperaturausgleich. Die Entropie des Systems vergrößert sich.

Körper 1 gibt bei der höheren Temperatur T_1 die Wärme $Q_1 = \Delta S_1 \cdot T_1$ ab. Körper 2 nimmt bei der niedrigeren Temperatur T_2 die gleiche Wärme $Q_2 = \Delta S_2 \cdot T_2$ auf. Wenn man davon ausgeht, dass die Temperaturen beider Körper zu Beginn des Wärmeausgleichs noch näherungsweise konstant sind, dann gilt für die Änderung der Entropie im System:

$$\Delta S = \Delta S_1 + \Delta S_2 \quad \text{oder}$$

$$\Delta S = \frac{Q_1}{T_1} + \frac{Q_2}{T_2}$$

Mit $Q_2 = -Q_1$ erhält man

$$\Delta S = Q_2 \left(\frac{1}{T_2} - \frac{1}{T_1} \right)$$

Da $T_1 > T_2$ ist, ergibt sich $\Delta S > 0$.
Die Entropie nimmt zu. Die nach dem Temperaturausgleich vorhandene thermische Energie der Körper mit niedrigerer Temperatur hat einen geringeren Wert, weil sie nur bei Vorhandensein eines Wärmebades noch geringerer Temperatur technisch genutzt werden kann.
Allgemein gilt: Mit der Erzeugung von Entropie ist eine Verringerung des Wertes von Energie verbunden. In einem abgeschlossenen System strebt die Entropie einem Maximum zu.

Der Wärmetod

Nachdem man im vorigen Jahrhundert die physikalische Bedeutung der Entropie erkannt hatte, wurden die Menschen durch folgende Vorstellung in Angst versetzt:
Wenn das Universum ein abgeschlossenes System ist, dann nimmt in ihm die Entropie beständig zu. Irgendwann müsste das Universum dann einen Zustand erreichen, bei dem ein vollständiger Temperaturausgleich zwischen allen Objekten eingetreten ist. Das gesamte Universum wäre ein Wärmebad mit konstanter und sehr niedriger Temperatur,

1 Historische Darstellung vom Wärmetod

keine weiteren Veränderungen könnten erfolgen, in dieser Welt würde nichts mehr passieren. Insbesondere wäre Leben nicht mehr möglich. Diesen Zustand bezeichnet man als **Wärmetod** (Abb. 1).
Steht unserem Universum wirklich der Wärmetod bevor? Wann könnte dieser Wärmetod eintreten?

Vor etwa 100 Jahren kannte man nicht die tatsächlichen Energiequellen der Sterne und hielt es für möglich, dass Sterne schon nach wenigen Millionen Jahren wieder erlöschen. Wie wir heute wissen, wird die Sonne der Erde noch etwa 6 Milliarden Jahre Wärme spenden und dadurch letztlich alle Prozesse auf der Erde aufrecht erhalten. Allerdings könnte das Universum in einer sehr fernen Zukunft tatsächlich einen Wärmetod erleiden.
Gegenwärtig weiß man aber noch gar nicht, ob das Universum tatsächlich ein abgeschlossenes physikalisches System darstellt. Deshalb ist es durchaus möglich, dass ihm eine andere Zukunft als der Wärmetod bevorsteht. Es könnte sogar recht "heiß" enden.

Aufgaben

1. Nennen Sie Beispiele für Vorgänge aus Natur und Technik, die näherungsweise reversibel verlaufen! Geben Sie jeweils die Energieumwandlungen an!

2. Nennen Sie Beispiele für Vorgänge aus Natur und Technik, die irreversibel verlaufen! Geben Sie jeweils die Energieumwandlungen an!

3. Welcher der in den Abbildungen dargestellten Vorgänge ist reversibel, welcher irreversibel? Begründen Sie!

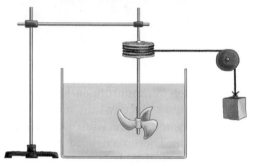

a) Ein Rührwerk wird durch eine Gewichtskraft angetrieben.

b) Eine Kugel rollt reibungsfrei auf einer Bahn hin und her.

4. a) Nennen Sie das erste keplersche Gesetz!
   b) Ist die Bewegung eines Planeten um die Sonne ein reversibler oder ein irreversibler Vorgang? Begründen Sie Ihre Aussage!

c) Angenommen, die Erde würde sich nicht im nahezu leeren Weltraum, sondern in einem relativ dichten Gas um die Sonne bewegen, wodurch es zu Reibungsvorgängen käme. Welche Bahnform hätte dann die Erde auf ihrem Weg um die Sonne? Begründen Sie Ihre Aussage!

5. Nennen und erläutern Sie Merkmale irreversibler Prozesse an einem selbst gewählten Beispiel!

6. Der Zucker und der Tee können kurzzeitig als ein abgeschlossenes System angesehen werden.
   a) Erklären Sie, warum beim Auflösen von Zucker in Wasser die Entropie in diesem System zunimmt!
   b) Um den Zucker zurückzugewinnen, müsste man den Tee völlig verdampfen. Welche Energie wäre dazu bei 0,1 Liter Flüssigkeit mit einer Temperatur von 35 °C erforderlich?

7. Erläutern Sie, weshalb eine ideale Wärmekraftmaschine nicht die gesamte Wärme in Arbeit umwandeln kann!

8. Während ein Benzinmotor mit einer mittleren Verbrennungstemperatur von 2500 K betrieben wird, arbeitet ein Dieselmotor mit einer mittleren Verbrennungstempratur von 2900 K. Welcher Motortyp arbeitet effizienter? Begründen Sie Ihre Entscheidung!

9. Bringt man zwei Stahlquader in Kontakt, dann fließt Wärme vom heißeren zum kühleren. Anders als bei Gasen werden aber keine Teilchen ausgetauscht.
Zeigen Sie mit Hilfe der Gleichung $\Delta S = Q/T$, dass die gesamte Entropie bei diesem Vorgang dennoch zunimmt!

10. In einem Zylinder wird einem Arbeitsgas bei konstanter Temperatur T = 310 K Wärme zugeführt. Dadurch expandiert das Gas und verrichtet Arbeit. Seine Entropie vergrößert sich um 2 kJ/K.
Welche Wärme wird auf das Gas übertragen?

11. Wie ändert sich die Entropie eines Körpers aus einem bestimmten Stoff, wenn dieser Körper
a) erstarrt,
b) verdampft,
c) kondensiert,
d) verdunstet?
Begründen Sie jeweils Ihre Aussage!

12. Durch Wärmezufuhr werden 5 kg Aluminium geschmolzen. Welche Entropie gewinnt das Aluminium beim Wechsel des Aggregatzustandes hinzu?

13. Welche Entropie geben 10 kg erstarrendes Blei an die Umgebung ab?

14. Berechnen Sie die Änderung der Entropie
a) beim Schmelzen von 300 g Zinn,
b) beim Verdampfen von 0,2 l Wasser,
c) beim Erstarren von 700 kg Stahl!

15. Die Siedetemperaturen von Gold und Zinn sind ähnlich hoch. Trotzdem nimmt die Entropie beim Verdampfen von einem Kilogramm Gold deutlich weniger zu als beim Verdampfen von einem Kilogramm Zinn. Wie ist diese Feststellung zu erklären?

16. Ein Körper höherer Temperatur überträgt Wärme nicht nur durch den direkten Kontakt mit anderen Körpern, sondern auch durch elektromagnetische Temperaturstrahlung. Darf man aufgrund dieser Beobachtung behaupten, dass auch elektromagnetische Strahlung Entropie besitzt? Begründen Sie!

17. Wenn man die Sonnenstrahlung mit einem Hohlspiegel bündelt, kann man im Brennpunkt sehr hohe Temperaturen messen. Beim Sonnenofen von Odeillo (Frankreich) erreicht man bis zu 3 300 °C. Bei beliebigen Anlage übersteigen diese Temperaturen aber niemals die Oberflächentemperatur der Sonne (ca. 6 000 °C). Zeigen Sie, dass diese Aussage gesetzmäßig und nicht zufällig ist!

18. Die Erde nimmt in jeder Sekunde eine Strahlungsleistung der Sonne von 10^{17} W auf und gibt die gleiche Strahlungsleistung an den Weltraum ab.
Der wesentliche Unterschied besteht darin, dass der Wärmestrom von der Sonne bei einer Temperatur von etwa 5 800 K (Oberflächentemperatur der Sonne) erfolgt, die Wärmeabgabe an den Weltraum aber bei ca. 260 K. Das ist die mittlere Temperatur der Wärmestrahlung der Erde, die ein Beobachter in großer Höhe messen würde.
Berechnen Sie aus diesen Angaben die Entropieänderung der Erde!

Das Wichtigste im Überblick

Bei Vorgängen in Natur und Technik kann man zwischen **reversiblen** und **irreversiblen Vorgängen** unterscheiden. Für beide Arten von Vorgängen gilt der Energieerhaltungssatz.

Reversibel	Irreversibel
sind Vorgänge, die von einem Ausgangszustand aus von allein wieder zu diesem Zustand führen.	sind Vorgänge, die von einem Ausgangszustand aus von allein nicht wieder zu diesem Zustand führen.
In einem abgeschlossenen System gilt: Die Entropie ändert sich nicht.	In einem abgeschlossenen System gilt: Die Entropie nimmt zu.
$\Delta S = 0$	$\Delta S > 0$

Irreversible Vorgänge sind durch folgende Merkmale gekennzeichnet:

1. Wärme wird an die Umgebung abgegeben und zerstreut sich dort.

2. Ein System gelangt in einen Zustand größerer Unordnung.

3. Die Energie und die Teilchen des Systems nehmen eine wahrscheinlichere Verteilung an.

Die **Entropie** S ist ein physikalische Größe, mit deren Hilfe man die Irreversibilität eines Vorgangs beschreiben kann.
Für die Entropieänderung gilt:

$$\Delta S = \frac{Q}{T} \text{ (für } T = \text{konstant)}$$

$$\Delta S = k \cdot \ln W$$

Der **2. Hauptsatz der Wärmelehre** macht eine Aussage über die Richtung von selbst ablaufender Vorgänge. Die drei nachfolgend genannten Formulierungen sind gleichwertig.

- Es ist nicht möglich, ein Perpetuum mobile 2. Art zu bauen.
- Die Übertragung von Wärme erfolgt von selbst nur von einem Körper höherer Temperatur zu einem Körper niedrigerer Temperatur.
- In einem abgeschlossenen System kann sich die Entropie niemals verkleinern. Es gilt immer $\Delta S \geq 0$.

AUSBLICK AUF NEUE GEBIETE UND ANWENDUNGEN DER PHYSIK

Die Physik ist eine sich entwickelnde Naturwissenschaft. Neue Erkenntnisse führen zu neuen Anwendungen, aber auch zu veränderten Anschauungen über den Ablauf des Naturgeschehens. Darüber hinaus werfen sie weitere Fragen für die Forschung auf.

Ein Teilgebiet, das sich erst in den letzten 25 Jahren entwickelt hat, ist das der **Selbstorganisation** und der **Strukturbildung** der Materie. Hier wird aus physikalischer Sicht untersucht, nach welchen Gesetzen sich Strukturen bilden und welche Prozesse dabei vor sich gehen.

Nachfolgend werden auch Ausblicke auf das **deterministische Chaos** und **auf physikalische Grundlagen für chemische Reaktionen** gegeben.

Selbstorganisation

AUSBLICK AUF MÖGLICHE ERWEITERTE
ANWENDUNGEN DER PHYSIK

Strukturen in der Natur

Die Natur bringt vielfältige und wunderschöne Strukturen hervor. Beispiele dafür sind Schneeflocken und Kristalle in der unbelebten sowie Blüten und Schmetterlinge in der belebten Natur. Auffällig sind dabei die immer wieder in ähnlicher Weise auftretenden Muster und Strukturen.

Wie entstehen solche Strukturen? Was bestimmt ihre Form und Größe? Gibt es öUnterschiede und Gemeinsamkeiten in der belebten und unbelebten Natur?

Unerwünschte Erscheinungen

Immer wieder berichten Zeitungen und Fernsehsendungen über die verheerenden Wirkungen von Wirbelstürmen und Flutwellen. Wo sie auftreten und wie stark bzw. hoch sie sind, hängt von vielen Faktoren ab.

Unter welchen Bedingungen bringt die Natur solche Erscheinungen hervor? Wie erklärt sich die erstaunliche Stabilität von Wirbeln?

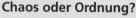

Chaos oder Ordnung?

In strömenden Flüssigkeiten oder Gasen wirbeln die Teilchen meist wild durcheinander. Mitunter beobachtet man aber auch ganz ruhige und wohlgeordnete Bewegungen von Flüssigkeiten und Gasen, z. B. bei dem abgebildeten Strömungsversuch.

Wovon hängt es ab, wie Gase oder Flüssigkeiten strömen?

Was bringt Ordnung in dieses Durcheinander?

Grundlagen

Selbstorganisation als Grundlage der Evolution

In der Natur kann man die Ausbildung vielfältiger Strukturen wie Kristalle, Wirbel oder Zellen beobachten. Dabei bilden sich unter bestimmten Bedingungen aus zunächst unstrukturierten oder wenig strukturierten Zuständen in einer Folge von irreversiblen Vorgängen Strukturen in Teilsystemen oder in einem Gesamtsystem heraus. Da diese Vorgänge von selbst ablaufen, wenn die erforderlichen Bedingungen vorliegen, spricht man von **Selbstorganisation**. Die Theorie der Selbstorganisation, auch **Synergetik** genannt, entwickelte sich ab etwa 1970. Wesentlichen Anteil an der Entwicklung hatten die Brüsseler Schule um den Physikochemiker ILYA PRIGOGINE (geb. 1917, 1977 Nobelpreis für Chemie), die sowjetische Schule in Moskau und die Stuttgarter Schule um den Physiker HERMANN HAKEN (geb. 1927).

Gegenstand der Theorie der Selbstorganisation ist die Erforschung der **spontanen Bildung von Strukturen**. Diese spontane Strukturbildung ist die Grundlage der Evolution.

Betrachtet man die Bedingungen für das Entstehen von Strukturen genauer, so kann man sie in zwei Gruppen einteilen:
– Strukturen, die sich bei Wärmeabgabe oder tiefen Temperaturen bilden,
– Strukturen, die fernab vom thermodynamischen Gleichgewicht entstehen.
Dabei betrachten wir stets **offene Systeme**, d. h. Systeme, bei denen über die Systemgrenze hinweg ein Transport von Stoff und Energie erfolgen kann (Abb. 1, s. auch S. 34). Mit Energie und Stoffen wird auch Entropie importiert oder exportiert.
Beispiele für solche offenen Systeme sind tierische oder pflanzliche Zellen, Pflanzen, die Erde oder der Mensch (Abb. 1).

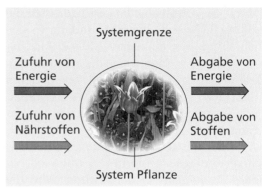

1 Eine Pflanze nimmt aus der Umgebung Energie (Sonnenstrahlung) und Nährstoffe auf. Sie gibt aber auch Energie und Stoffe an die Umgebung ab. In der Pflanze bilden sich komplexe organische Substanzen, z. B. Zellulose, Speicherstärke, Fette und Eiweiße. Die Pflanze wächst und wird zu einem immer weiter strukturierten System.

Wir betrachten nachfolgend Beispiele für Strukturbildungen und formulieren anschließend jeweils die allgemeinen Bedingungen und Merkmale.

Strukturbildung unter Wärmeabgabe

In einem Glas werden bei einer Temperatur von 80 °C in 100 Gramm Wasser 50 Gramm Kochsalz (NaCl) gelöst. Wird diese Lösung anschließend auf Zimmertemperatur abgekühlt, so bilden sich an dem Faden, der in die Flüssigkeit hängt, Salzkristalle (Abb. 2). Wie ist diese Strukturbildung zu erklären?

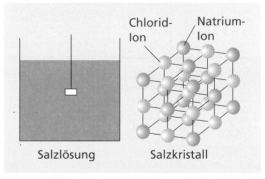

2 Beim Abkühlen der Salzlösung bilden sich Salzkristalle. Rechts ist das Kristallgitter von NaCl dargestellt.

Durch die Wärmeabgabe verringert sich die kinetische Energie der Na^+- und der Cl^--Ionen. Wird ein einzelnes Chlorid-Ion betrachtet, so überlagern sich die abstoßenden Kräfte zwischen diesem und den anderen Chlorid-Ionen mit den anziehenden Kräften zwischen diesem und den umgebenden Natrium-Ionen.

Dadurch entsteht eine Energiepotentialkurve um dieses Chlorid-Ion wie auch um jedes andere Ion in der Lösung. Wird die Lösung immer weiter abgekühlt, so nehmen die benachbarten Ionen den Ort minimaler potentieller Energie an (Abb. 1). Anziehende und abstoßende Kräfte sind dann gleich groß. Da diese Energiepotentialkurve symmetrisch um das betrachtete Chlorid-Ion verläuft, kommt es zur Ausbildung regelmäßiger Abstände zwischen einer großen Anzahl von Ionen. Dadurch wird diese Struktur makroskopisch als Kristall sichtbar.

Da sich die Ordnung des Systems während der Kristallbildung erhöht, bedeutet das eine Verkleinerung der Entropie. Entropie wird exportiert (s. auch S. 89 f.).

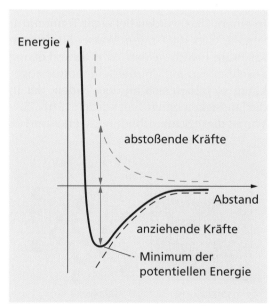

2 Energiepotentialkurve und Kräfte zwischen Ionen: Bei größerem Abstand überwiegen die anziehenden Kräfte, bei kleinerem Abstand die abstoßenden Kräfte.

Wenn sich das System „Salzkristall" herausgebildet hat, dann besitzt es **charakteristische Merkmale**:
– Das System befindet sich im statischen und thermodynamischen Gleichgewicht. Es erfolgt auch kein Wärmeaustausch mit der Umgebung. Man nennt solche Systeme **konservative Systeme**.
– Durch die Gleichgewichtssituation kommen alle Vorgänge zum Erliegen. Die Entropie ändert sich nicht mehr: $\Delta S = 0$.
– Die Systemstruktur (Kristallform) ist nur durch ihre Bauelemente (Art der Ionen) vorgegeben und wird sich stets genauso wieder einstellen.
– Der Vorgang der Kristallbildung ist reversibel, d. h. er kann rückgängig gemacht werden.

Diese Art der Strukturbildung im thermodynamischen Gleichgewicht findet man in der Natur sehr häufig, z. B. bei der Bildung von Mineralien oder Schneeflocken.

Strukturbildung fernab vom Gleichgewicht

Um typische Merkmale dieser Art der Strukturbildung zu erkennen, werden nachfolgend drei Beispiele betrachtet.

Schwingung einer Saite

Durch Reiben des Bogens an der Saite einer Geige wird dem System Saite Energie zugeführt. Die Saite wird beschleunigt und verdrillt. Die rücktreibenden Kräfte sind an einem bestimmten Punkt so groß, dass sie die Haftreibungskraft überwinden. Die Saite schnellt zurück. Der Bogen gleitet über die sich beschleunigende Saite. Die Gleitreibungskräfte nehmen mit der Geschwindigkeitsdifferenz immer mehr zu und verlangsamen so die Bewegung der Saite.

Die rücktreibenden Kräfte werden an einer Stelle kleiner als die Reibungskraft, der Bogen greift wieder (s. Abb. 1, S. 99).

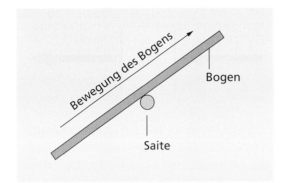

1 Mit Hilfe eines Bogens wird der Geigensaite Energie zugeführt. Sie wird zu Schwingungen angeregt.

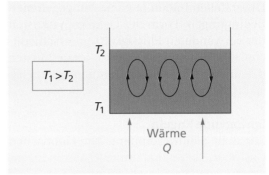

3 Bei unterschiedlicher Temperatur in einer Flüssigkeit bilden sich Konvektionszellen aus.

Obwohl dem System gleichförmig Energie zugeführt wird, stellt sich ein für das System charakteristischer Schwingungszustand ein, der sich aus einem Anfangszustand aufschaukelt und dann stabil bleibt (Abb. 2).

Der Saite wird hochwertige Energie durch den Bogen zugeführt, die sie als Schallwelle (Ton) mit bestimmter Energie an die Umgebung abgibt.

Strömungen in erwärmten Flüssigkeiten

Eine flache Flüssigkeitsschicht wird von unten erwärmt, so dass sich eine Temperaturdifferenz zwischen dem oberen und dem unteren Flüssigkeitsrand herausbildet (Abb. 3). Bei geringer Temperaturdifferenz wird Wärmeleitung die Energie von unten nach oben transportieren. Verstärkt man die Energiezufuhr, so wächst die Temperaturdifferenz und das System entfernt sich zunehmend vom thermodynamischen Gleichgewicht.

Die Schwerkraft wirkt an der oberen, kälteren (und damit dichteren) Schicht stärker als an der unteren. In der ganzen Flüssigkeit erscheinen Strudel und Wirbel. Wird eine bestimmte kritische Temperaturdifferenz ΔT_{kr} erreicht, dann verlässt das System den chaotischen Zustand. Die Auftriebskräfte werden größer als die Reibungskräfte, es kommt zur Wärmeströmung. Eine winzige Bewegung eines Volumenelements nach oben oder nach unten entscheidet darüber, ob sich auch die darüber und darunter liegenden Schichten in gleicher Weise bewegen. Schließlich bilden sich Konvektionszellen aus (Abb. 3, 4). Die Erscheinung wird nach ihrem Entdecker BÉNARD-Effekt genannt werden.

Die mikroskopischen **Fluktuationen** (Schwankungen) haben sich durch Kopplung soweit verstärkt, dass sie immer größere Raumbereiche erfüllen und schließlich makroskopisch sichtbar werden.

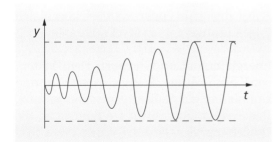

2 Die Amplitude der Schwingung nimmt zu und erreicht einen stabilen Wert.

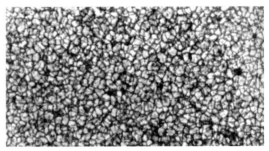

4 Konvektionszellen in den Gasschichten der Sonne beobachtet man als Sonnengranulation.

Diese Zellen bilden je nach den gegebenen Bedingungen (Form des Gefäßes, Viskosität der verwendeten Flüssigkeit) unterschiedliche, das System charakterisierende Muster, die für einen gewissen Temperaturbereich stabil bleiben.

Springende Kugeln

Mit dem Schüttel-Apparat zur kinetischen Gastheorie kann man modellhaft die Eigenschaften eines Gases verdeutlichen.

An der Mitte des Bodens wird eine 1 cm hohe Trennwand angebracht. In das Gefäß werden ca. 300 Stahlkugeln eingebracht und durch maximale Bewegung des Bodens in Bewegung versetzt. Beim plötzlichen Ausschalten des Motors werden nach dem Prinzip der Gleichverteilung ungefähr 150 Kugeln in jeder Hälfte sein.

Der Versuch wird wiederholt, wobei jetzt die Drehzahl des Motors langsam nach unten geregelt wird. In diesem Fall sammeln sich fast alle Kugeln in einer der beiden Hälften. *Wie ist dieses eigentümliche Ergebnis zu erklären?*

Die herumspringenden Kugeln treffen in jeder der beiden Hälften nahezu gleichmäßig auf. Durch die Bewegung des Bodens werden sie wieder herausgestoßen. Dabei wird sich die

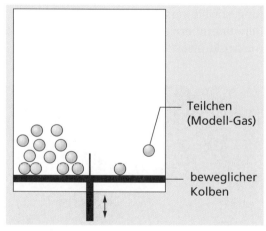

1 Verteilung von Stahlkugeln in zwei Raumbereichen

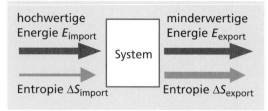

2 Sowohl Energie als auch Entropie werden importiert und exportiert.

Anzahl der Kugeln in den beiden Hälften ein wenig unterscheiden. Man spricht von minimalen Schwankungen oder **Fluktuationen**. Bei starker Energiezufuhr gleicht sich dieser Unterschied schnell wieder aus.

Bei geringerer Energiezufuhr werden sich jedoch in der Hälfte, in der sich etwas mehr Kugeln befinden, immer mehr ansammeln. Sie finden mehr Stoßpartner vor, an die sie einen Teil ihrer kinetischen Energie abgeben. Außerdem erreicht ein Teil der Kugeln nicht mehr den Boden. Sie können nur geringe Energiemengen aufnehmen. Dieser Effekt verstärkt sich, bis sie die trennende Wand nicht mehr überwinden können. In der anderen Hälfte dagegen treffen die Kugeln mit wachsender Wahrscheinlichkeit auf den Boden und werden von diesem hochgeschleudert, ohne andere Kugeln zu treffen. So können sie die Wand überwinden.

Schließlich landen bei weiterer Verringerung der Energiezufuhr fast alle Kugeln in einer der beiden Hälften. Die Fluktuation am Anfang hat sich selbst verstärkt und schließlich das Verhalten des gesamten Systems bestimmt.

Aus dem Vergleich dieser drei Beispiele sich selbst organisierender Systeme lassen sich folgende **allgemeinen Merkmale** ableiten:

Energieimport und –export: Dem System wird hochwertige Energie zugeführt und von diesem zur Selbstorganisation genutzt. Das System gibt entwertete Energie an die Umgebung ab. Darum werden diese Systeme auch als **dissipative Systeme** (Energie zerstreuende Systeme) bezeichnet (Abb. 2).

Bei diesen **offenen Systemen** ist der Energieimport und -export (und der damit unter Umständen verbundene Stoffimport und -export) ausgeglichen. Es gilt:

$$E_{import} = E_{export}$$

Entropieexport: Mit dem Import hochwertiger Energie erfolgt auch ein Entropieimport (Abb. 2, S. 100). Mit der Abgabe entwerteter Energie erfolgt ein Entropieexport. Darüber hinaus sind die Vorgänge im System nach dem 2. Hauptsatz der Wärmelehre mit Entropieproduktion $\Delta S_{erzeugt}$ verbunden (s. S. 87). Damit ergibt sich als Bilanz für die Entropie des Systems ΔS_{System}:

$$\Delta S_{system} = \Delta S_{import} + \Delta S_{erzeugt} - \Delta S_{export}$$

> Selbstorganisation bedeutet eine Erhöhung der Ordnung im System, die mit einer Entropieverminderung verbunden ist. Folglich gilt für den Prozess der Strukturbildung:
>
> $$\Delta S_{system} < 0$$
>
> Ist der Prozess der Strukturbildung abgeschlossen, so ist $\Delta S_{system} = 0$

Selbstorganisation ist demzufolge nur dann möglich, wenn ein System Entropie exportieren kann. Da die Entropie auch ein Maß für den Wert von Energie ist, kann ein System dann Entropie exportieren, wenn ihm hochwertige Energie zugeführt und minderwertige Energie entzogen wird.
Der Fall $\Delta S_{system} > 0$ würde einen irreversiblen Prozess kennzeichnen.

Energietransformation: Im System erfolgen zahlreiche Energieumwandlungen. Dabei wird ein Teil der zugeführten Energie stets in eine spezielle hochwertige Form umgesetzt.

Gleichgewichtsferne: Selbstorganisation ist nur möglich, wenn der Abstand des Systems vom Gleichgewicht gewisse kritische Werte überschreitet. Sie tritt fern vom thermodynamischen Gleichgewicht auf (Abb. 1).

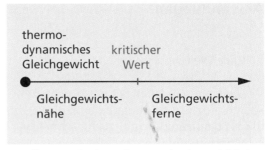

1 Selbstorganisation tritt nur ab einem kritischen Wert auf.

Rückkopplung und Selbstverstärkung: Selbstorganisation ist in der Regel durch verschiedene Rückkopplungseffekte charakterisiert (Abb. 2). Damit können minimale Veränderungen in den Bedingungen das Verhalten des ganzen Systems verändern.
Kooperation: Besteht ein selbstorganisiertes System aus einzelnen Komponenten, so müssen diese miteinander kooperieren, damit sich das System herausbilden kann und erhalten bleibt.

Symmetriebrechung: Die sich im System herausbildenden Strukturen sind ein Ausschnitt aus den prinzipiell möglichen Strukturen.

Stabilität: Selbstorganisierte Systeme sind relativ stabil gegenüber kleinen Störungen durch die Umgebung. Große Störungen sind eine Gefahr für das System. Wegen der Existenz kritischer Werte können sie zum Zusammenbruch der ganzen Struktur führen.

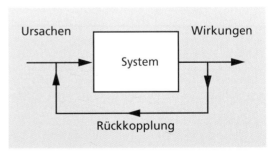

2 Die Wirkungen (Folgen) wirken auf die Ursachen zurück und verstärken diese.

Anwendungen

Solitäre Wellen

Wird ein Stein in einen See geworfen, so entstehen um die Störungsstelle Kreiswellen, die sich ausbreiten und recht schnell verschwunden sind (Abb. 1).

Doch mitunter kann man ganz eigenartige Wellen, sogenannte „Solitone" oder „solitäre Wellen", beobachten.

Was versteht man unter solitären Wellen? Wie entstehen Sie? Wo treten sie auf?

Solitäre Wellen sind Wellen, die ihre ursprüngliche Gestalt und Größe bei ihrer schnellen Ausbreitung über recht große Strecken beibehalten (Abb. 2).

Komplizierte Wellenformen lassen sich als Kombination von verschiedenen sinusförmigen Wellen erzeugen bzw. in diese zerlegen. In Wasser pflanzen sich Wellen verschiedener Frequenzen unterschiedlich schnell fort. Deshalb werden in „normalen" Wasserwellen die einzelnen Teilwellen rasch auseinanderlaufen, der Gipfel beginnt sich aufzusteilen, überholt die sich darunter bewegenden Teile, die Welle bricht.

Anders ist das bei den solitären Wellen. Ihre Stabilität wird durch Wechselwirkungen erreicht, die die einzelnen Sinuswellen aneinander koppeln. Die ruhigen Wasserschwingungen schaukeln sich nicht bis zum Brechen auf, sondern koppeln sich stattdessen

bei einem kritischen Wert aneinander, so dass keine von ihnen aus dem Soliton ausbrechen kann.

Solitäre Wellen gibt es z. B. als **Flutwellen** in Flussmündungen. Im Amazonas hat man acht Meter hohe Flutwellen beobachtet, die fast 1000 km weit den Fluß hinaufliefen. Mit Höhen zwischen zehn Zentimetern und über zehn Metern findet man solche Flutwellen auf der ganzen Erde.

Tsunamis bilden sich, wenn ein starkes Erdbeben den Ozeanboden erschüttert. Die Welle, die nur einige Zentimeter hoch ist, kann den Ozean viele Tausende Kilometer weit überqueren. Wegen ihrer gewaltigen Wellenlänge kann es über eine Stunde dauern, bis die Welle an einem bestimmten Punkt vorüber gelaufen ist. Wenn der Tsunami den Festlandsockel erreicht, sorgen Effekte am Meeresboden dafür, dass sich die Wellenlänge verkürzt und sich die Welle erhöht. Aus einem Soliton von wenigen Zentimetern Höhe kann eine Flutwelle von bis zu 30 Metern Höhe werden. Allein im Jahre 1702 ertranken in Japan 100 000 Menschen in einem Tsunami.

Solitäre Wellen gibt es nicht nur als mechanische Wellen. Sie treten z. B. auch bei der **Reizfortleitung in Lebewesen** auf. Wenn man mit dem Fuß in eine Glasscherbe tritt, so muss das Schmerzgefühl einen fast zwei Meter langen Nervenweg bis zum Gehirn zurücklegen. Die Information über den Schmerz muss auch möglichst ungedämpft ankommen.

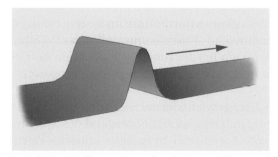

1 Kreisförmige Wasserwellen: Die Amplitude nimmt mit der Entfernung vom Erreger schnell ab.

2 Solitäre Wellen weisen eine hohe Stabilität auf und breiten sich über große Entfernungen aus.

Es hilft nichts, wenn die Schmerzbotschaft im Fuß losläuft und im Hirn als Mini-Impuls ankommt. Dieser eng begrenzte Impuls, der eine kritische Energieschwelle überschritten haben muss, läuft ohne Formveränderung mit konstanter Geschwindigkeit von etwa 10 m/s durch die Nervenbahnen zum Gehirn.

Selbstorganisation – Triebkraft der Evolution

Unsere Erde befindet sich im Strahlungsgleichgewicht (s. S. 10). Sie gibt genauso viel Energie ab, wie sie aufnimmt.
Wie unterscheiden sich aufgenommene und abgegebene Energie? Was ist der Motor der Evolution auf unserer Erde?

Die von der Erde aufgenommene Sonnenenergie ist hochwertig. Mit ihr ist ein Entropieimport verbunden. Es gilt:

$$\Delta S_{\text{import}} = \frac{Q}{T_{\text{Sonne}}}$$

Die Wärme Q ergibt sich aus:
$$Q = S \cdot A \cdot t = S \cdot \pi \cdot r^2 \cdot t,$$

wobei S die Solarkonstante, r der Erdradius und t die Zeit sind. Mit $S = 1360$ W/m², $r = 6{,}371 \cdot 10^6$ m, $T_{\text{Sonne}} = 5800$ K und $t = 1$ s erhält man $Q \approx 1{,}7 \cdot 10^{17}$ J. Daraus ergibt sich $\Delta S_{\text{Import}} = 3{,}03 \; 10^{13}$ J/K.
Durch die vielfältigen Prozesse auf der Erde wird diese hochwertige Energie entwertet.
Die Abgabe der Energie erfolgt bei einer wesentlich niedrigeren Temperatur von etwa 260 K. Das ist die Temperatur der Wärmestrahlung der Erde, die ein Beobachter aus großer Höhe messen würde. Damit ergibt sich:

$$\Delta S_{\text{export}} = \frac{Q}{T_{\text{Erde}}}$$

$$\Delta S_{\text{export}} \approx \frac{1{,}7 \cdot 10^{17} \text{ J}}{260 \text{ K}} \approx 6{,}5 \cdot 10^{14} \text{ J/K}$$

Der Export von Entropie übersteigt den Entropieimport um das etwa 20-fache. Unser Planet gibt im Mittel
$$\Delta S_{\text{import}} - \Delta S_{\text{export}} \approx -6 \cdot 10^{14} \text{ J/K}$$
je Sekunde ab. Entropie wird exportiert.
Der Entropieexport und damit die Entwertung der Energie ist die Voraussetzung für vielfältige Prozesse der Selbstorganisation auf der Erdoberfläche und in der Atmosphäre, z. B. für:
– den Wasserkreislauf,
– das Wettergeschehen,
– das Leben (Abb. 1).
Aus diesem Zusammenhang müssen wir auch schließen, dass es Leben im Weltall nur in der Nähe hochwertiger Energiequellen gibt. Fernab der Sonne oder anderer Sterne können sich keine lebenden Strukturen entwickeln, weil dort zu wenig hochwertige Strahlungsenergie zur Verfügung steht.
Tatsächlich hat man auf den sonnenfernen Planeten bislang noch keine Lebensformen entdeckt.

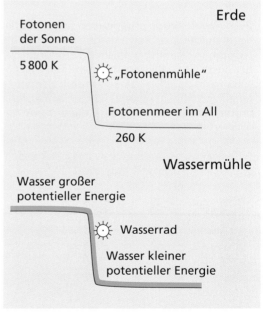

1 Motor der Evolution ist die Entwertung der Energie, die einen Entropieexport erst möglich macht. Die „Fotonenmühle" (oben) ist vergleichbar mit der Wirkungsweise eines Wasserrades (unten).

Die BELOUSOV-ZHABOTINSKY-Reaktion

Bei gewöhnlichen chemischen Reaktionen verbinden sich z. B. zwei Stoffe zu einem neuen, stabilen Stoff. Daneben gibt es eine Reihe von chemischen Reaktionen, die nicht zu einem stabilen Zustand führen, sondern durch periodische Veränderungen gekennzeichnet sind. Man spricht von **selbst erregten Oszillationen**. Solche Oszillationen sind schon seit langem bekannt und wurden früher als Kuriositäten betrachtet. In einer Arbeit von 1832, veröffentlicht in POGGENDORFS Annalen, heißt es:

„Eine kleine Flasche, welche etwas Phosphor enthielt, wurde eine Zeitlang als Feuerzeug gebraucht, ... ich bemerkte zufällig, daß sie dann und wann im Dunkeln ein ziemlich intensives Licht von sich gab. Dieses Phänomen machte mich aufmerksam und bald nahm ich wahr, daß sich das Leuchten ganz regelmäßig zu jeder siebenden Secunde wiederholte."

Die vielleicht berühmteste Reaktion dieser Art, die zugleich auch eine der farbenfreudisten ist und einen großen Reichtum von Erscheinungen zeigt, wird nach ihren russischen Entdeckern BELOUSOV-ZHABOTINSKY-Reaktion genannt (Abb. 1).

Bei dieser Reaktion organisieren sich die zufälligen chaotischen Bewegungen der Moleküle spontan in räumlich-zeitlichen Strukturen. Die geringste Schwankung in einem Teil der Lösung kann dabei verstärkt werden. Kommt es an einer Stelle zu einer zufälligen Anhäufung „roter" Moleküle, so fördern diese durch Au-

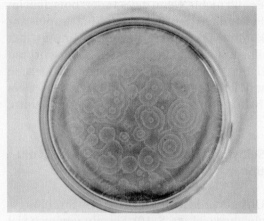

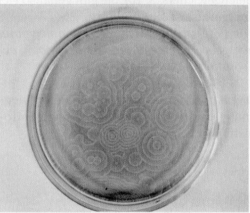

2 Die räumlich-zeitlichen Veränderungen beim Umschlagen der Reaktion breiten sich als sogenannte chemische Wellen durch die Lösung aus.

tokatalyse die Erzeugung weiterer „roter" Moleküle. So werden sich in einem gewissen Bereich die „roten", in einem anderen Bereich die „blauen" Moleküle verstärken. Dadurch entstehen großräumige und zeitlich veränderliche Strukturen verschiedener Chemikalien. Diese Strukturen lassen sich mitunter auf recht einfache Weise erzeugen. Man kennt inzwischen viele Reaktionen, die einer Selbstorganisation unterliegen (Abb. 2).

Es liegt die Vermutung nahe, dass Reaktionen dieser Art schon in der Frühzeit der Erde vorkamen. Dann wäre das Hervorbringen einer sich selbst reproduzierenden Sequenz von Aminosäuren als Träger genetischer Informationen nicht nur dem Zufall überlassen geblieben.

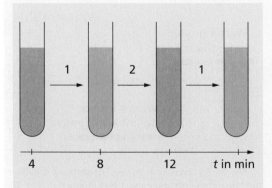

1 Die BELOUSOV-ZHABOTINSKY-Reaktion.

Der Mensch als thermodynamisches System

Physikalisch betrachtet ist der Mensch ein komplexes, hoch organisiertes, offenes System.

Wie sieht die Stoff- und Energiebilanz beim Menschen aus? Wie groß ist sein Entropieexport?

Der Mensch nimmt Stoff, Energie und somit auch Entropie auf und exportiert diese auch wieder (Abb. 1).

Durch den Stoffwechsel nimmt er im **Grundumsatz** (zur Aufrechterhaltung der Lebensfunktionen) im Durchschnitt eine Energie von 6 500 kJ pro Tag auf. Die gleiche Menge wird auch wieder abgegeben, zumeist in Form von Wärmestrahlung und Wärmeleitung.

Die aufgenommene Energie ist hochwertige chemische Energie in den organischen Substanzen der Lebensmittel. Diese stammt letztlich aus der Energie der Sonnenstrahlung, die über die Fotosynthese in die pflanzlichen und durch die Nahrungskette in die tierischen Nahrungsmittel gelangt (Abb. 2). Diese Energie wird durch den Verdauungsprozess entwertet. Damit ist eine Entropieerhöhung verbunden. Mit der Abgabe der entwerteten Energie an die Umgebung (z. B. in Form von Temperaturstrahlung) wird auch die erzeugte Entropie exportiert. Der Entropieexport eines Menschen ist beträchtlich; er kann mit der Gleichung

$$\Delta S_{\text{Export}} = \frac{Q}{T} \text{ berechnet werden.}$$

Mit $Q = 6\,500$ kJ und $T = 310$ K ($37\,^{\circ}$C) erhält man:

$$\Delta S_{\text{Export}} = \frac{6\,500 \text{ J}}{310 \text{ K}} \approx 21 \text{ kJ}/\text{K}$$

Das ist der Entropieexport, bezogen auf den Grundumsatz. Dieser Entropieexport ist Voraussetzung dafür, dass sich ein Mensch entwickeln kann.

In diesem Zusammenhang ist es möglich, einen Menschen als thermodynamisches System mit einer Wärmekraftmaschine zu vergleichen. Auf S. 88 hatten wir festgestellt, dass eine Wärmekraftmaschine nur dann funktioniert, wenn die von ihr aufgenommene Entropie durch sie hindurchströmt. Eine ideale Wärmekraftmaschine nimmt genau so viel Entropie auf, wie sie abgibt. Demzufolge können sich innerhalb der Maschine keine Selbstorganisationsprozesse abspielen. Die Maschine kann nur Arbeit verrichten. Das System Mensch hingegen kann Arbeit verrichten und zusätzlich wachsen und sich entwickeln. Es ist also wesentlich „intelligenter" als eine Wärmekraftmaschine „konstruiert".

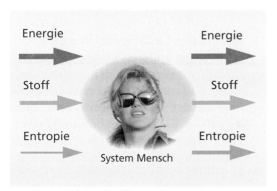

1 Der Mensch ist ein offenes System mit Import und Export von Stoff, Energie und Entropie.

2 Die hochwertige chemische Energie der Nahrung stammt letztlich aus der Energie der Sonnenstrahlung.

Aufgaben

1. Charakterisieren Sie den Menschen als ein offenes System! Gehen Sie dabei auf den Import und Export von Energie, Stoffen und Entropie ein!

2. Erläutern Sie an selbst gewählten Beispielen die Begriffe „konservatives System" und „dissipatives System"!

3. Bestimmt haben Sie schon einmal ein unangenehmes, manchmal ohrenbetäubendes Pfeifen gehört, dass entstehen kann, wenn ein Mikrofon vor einem Lautsprecher steht.
   a) Erklären Sie das Zustandekommen dieser Erscheinung!
   b) Untersuchen Sie experimentell, welche technischen Bedingungen den Pfeifton beeinflussen!

4. Warum ist es für den Menschen nicht möglich, seinen Energiebedarf durch das Verbrennen von Kohlenstofftabletten, die geschmacklich mit Mineralien aufgebessert wurden, zu decken?

5. Nennen Sie Beispiele aus Natur und Technik, wo sich unter Abgabe von Wärme an die Umgebung Strukturen ausbilden!

6. Bei starkem Frost bilden sich an Fenstern Eisblumen, an Pflanzen und Bäumen Eiskristalle. Beschreiben und erklären Sie den Vorgang der Bildung solcher Strukturen!

7. Bringen Sie eine Glycerin-Wasser-Mischung in ein flaches Gefäß und erzeugen Sie durch Erwärmen auf einer Herdplatte einen Temperaturunterschied zwischen Unterseite und Oberseite! Beschreiben Sie Ihre Beobachtungen! Erklären Sie!

8. Ein wichtiges Merkmal der Selbstorganisation ist die Umwandlung eines Teils der zugeführten Energie in hochwertige Energieformen.
   Erläutern Sie das am Beispiel
   a) einer Pflanze,
   b) eines Menschen!

9. Beschreiben Sie folgende Erscheinungen als Prozesse der Selbstorganisation:
   a) Herausbildung eines Wirbelsturmes,
   b) Abstürzen einer Schneelawine,
   c) Bewegung des Menschenstroms in einem Kaufhaus,
   d) Herausbildung eines Wirbels beim Auslassen des Wassers aus der Badewanne,
   e) Bildung des Marktpreises.

10. In einem abgedunkelten Raum wird gegenüber einem Fernsehapparat eine Videokamera aufgebaut und an diesen angeschlossen.
    Zunächst herrscht auf dem Bildschirm Dunkelheit.
    Wird jetzt zwischen den Fernseher und der Kamera kurz eine brennende Kerze gehalten, so bilden sich farbige Muster aus, die ständig variieren.
    a) Erklären Sie diese Erscheinung!
    b) Untersuchen Sie, unter welchen technischen Bedingungen diese Erscheinung zustande kommt! Begründen Sie diese!

11. Der in Aufgabe 10 beschriebene Versuch kann unter anderen Bedingungen wiederholt werden. Man richtet die Videokamera direkt auf den Fernsehapparat und nähert sich langsam dem Bildschirm an. Bei einer bestimmten Entfernung werden plötzlich auf dem Bildschirm Muster und Strukturen sichtbar.
    a) Führen Sie diesen Versuch selbst durch!
    b) Erklären Sie Ihre Beobachtungen!

Das Wichtigste im Überblick

Selbstorganisation ist ein Prozess, bei dem sich unter bestimmten Bedingungen aus unstrukturierten oder wenig strukturierten Zuständen komplexere Strukturen herausbilden.

Selbstorganisation erfolgt in offenen Systemen. Sie sind durch Stoff-, Energie- und Entropieimport und durch deren Export gekennzeichnet.

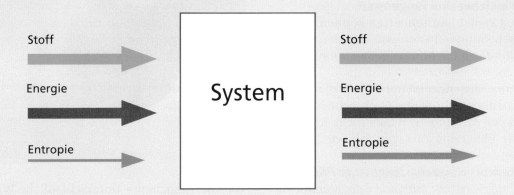

Bei der **Strukturbildung** kann man zwei Gruppen voneinander unterscheiden.

Konservative Systeme	Dissipative Systeme
sind dadurch gekennzeichnet, dass sich Strukturen in der Nähe des thermodynamischen Gleichgewichts bei Wärmeabgabe bilden.	sind dadurch gekennzeichnet, dass sich Strukturen fernab vom thermodynamischen Gleichgewicht bilden, wobei entwertete Energie an die Umgebung abgegeben wird.
Beispiel: Kristallbildung	**Beispiele:** Pflanze, Mensch, Konvektionszellen

Strukturbildung ist immer mit einer Verkleinerung der Entropie im System verbunden und damit nur in Systemen möglich, die Entropie exportieren können.

Für den Prozess der Strukturbildung gilt: $\Delta S_{System} < 0$

Entropieexport ist untrennbar mit der Entwertung von Energie verbunden.

Selbstorganisation ist der **Motor der Evolution** in der belebten und der Strukturbildung in der unbelebten Natur.

Deterministisches Chaos

Wie sicher sind Prognosen?

Seit vielen Jahrhunderten können Astronomen Sonnenfinsternisse auf den Tag, die Stunde, ja die Minute genau vorausberechnen.

Trotz Tausender Wetterstationen, moderner Satellitentechnik und Großrechnern gelingt es den Meteorologen aber nicht, am Tag vor der Finsternis zu sagen, ob wir sie sehen werden oder nicht.

Warum gelingt eine langfristige Prognose für einige Vorgänge, für andere dagegen nicht?

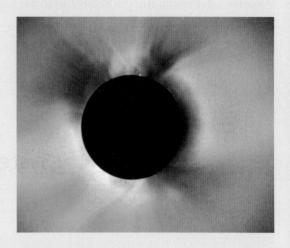

Gleiche Ursachen – unterschiedliche Wirkungen

Fällt ein Apfel zu Boden, so gilt das Fallgesetz. Man kann vorhersagen, wie lange er fällt und wo er auftreffen wird.

Fällt dagegen ein Blatt zu Boden, ist alles anders. Auch hier bewirkt die Anziehungskraft der Erde ein Fallen. Aber das Blatt trudelt mal zur Seite, fällt mal schneller, mal langsamer. Schließlich bleibt es irgendwo liegen.

Gibt es zwischen dem geordneten und dem chaotischen Verhalten Übergänge?

Kann man das chaotische Verhalten beschreiben? Gibt es im auch Chaos Regeln und Gesetze, durch die das Chaos determiniert wird?

Ordnung oder Chaos?

Geologen kennen die Gesetzmäßigkeiten, unter denen sich Erdbeben und Vulkanausbrüche vollziehen. Sie kennen genau die gefährdeten Gebiete, aber zuverlässige Vorhersagen über den Zeitpunkt eines Erdbebens oder eines Vulkanausbruchs können sie nicht treffen.

An welchen typischen Anzeichen ist erkennbar, dass ein System von der Ordnung zum Chaos wechseln wird?

Grundlagen

Ordnung und Chaos

Mit den Begriffen „Ordnung" und „Chaos" verbinden die Menschen seit jeher unterschiedliche, ja entgegengesetzte Vorstellungen.

Ordnung ist die Wahrung der Tradition, die Beachtung der Gesetze und Normen. Sie erinnert an Vollkommenheit, Übersichtlichkeit und Klarheit.

Chaos ist ein wirres Durcheinander hervorgerufen durch Anarchie oder Katastrophen. Das ist der ungewollte und unberechenbare Zufall.

Für die Wissenschaft Physik müssen diese Alltagsbegriffe genauer und damit eingegrenzt gefasst werden.

Das Naturgeschehen ist für Physiker „ordentlich", wenn sie es beschreiben und das zukünftige Verhalten berechnen können. Das ist an zwei grundlegende Voraussetzungen geknüpft:

(1) Objektivierbarkeit

Darunter versteht man die Überzeugung, dass Vorgänge in der Natur unabhängig von unseren Vorstellungen und Wünschen verlaufen.

(2) Kausalität

Darunter versteht man die Überzeugung, dass jeder Vorgang in der Natur durch ganz bestimmte Ursachen in gesetzmäßiger Weise bestimmt ist und dass gleiche Ursachen stets gleiche Wirkungen nach sich ziehen.

Für alle Vorgänge, die im bisherigen Physikunterricht betrachtet wurden, lässt sich eine solche Kausalität als funktionaler Zusammenhang zwischen verschiedenen Größen des Systems finden, z. B.:

– Beim Erwärmen eines Metallstabes vergrößert sich seine Länge. Es gilt:
$$\Delta l = l_0 \cdot \alpha \cdot \Delta T$$
– Durch das Wirken einer Kraft wird ein Körper beschleunigt. Es gilt:
$$a = F/m$$

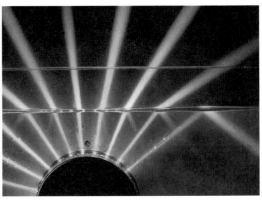

1   Sind der Einfallswinkel und die Lichtgeschwindigkeit in den beiden Stoffen bekannt, so kann man den Brechungswinkel vorausberechnen.

– Beim Übergang von Luft in Glas ändert das Licht seine Ausbreitungsrichtung (Abb. 1). Es gilt:
$$\frac{\sin\alpha}{\sin\beta} = \frac{c_1}{c_2}$$

Die großen Erfolge der Physik im 18. und 19. Jahrhundert, insbesondere bei der Berechnung von Planetenbahnen, verstärkten die Überzeugung von der Kausalität im Naturgeschehen. Zusammengefasst wurde diese Weltsicht 1812 von PIERRE SIMON LAPLACE (1749–1827). Sie wird auch als **laplacescher Dämon** bezeichnet:

„Wir müssen also den gegenwärtigen Zustand des Weltalls als die Wirkung eines früheren und als die Ursache des folgenden Zustandes betrachten. Eine Intelligenz, welche für einen gegebenen Augenblick alle in der Natur wirkenden Kräfte sowie die gegenwärtige Lage der sie zusammensetzenden Elemente kennt und überdies umfassend genug wäre, um diese gegebenen Größen der Analysis zu unterwerfen, würde in derselben Formel die Bewegung der größten Weltkörper wie des leichtesten Atom umschließen; nichts würde ihr ungewiss sein, und Zukunft wie Vergangenheit würden ihr offen vor Augen stehen."

Diese enge Interpretation der Kausalität, die davon ausgeht, dass es Naturgesetze gibt, die den zukünftigen Zustand eines Systems aus dem gegenwärtigen eindeutig festlegen, nennt man **Determinismus**.

Man kann das Prinzip des Determinismus auch folgendermaßen formulieren:

> **Gleiche Ursachen haben gleiche Wirkungen**.
> Oder abgeschwächt:
> **Ähnliche Ursachen haben ähnliche Wirkungen**.

Einfache physikalische Erscheinungen wie die Ausdehnung eines Körpers bei Temperaturerhöhung oder die Änderung der Richtung des Lichtes beim Übergang von einem Stoff in einen anderen sprechen für die Determiniertheit von Vorgängen. Es gibt allerdings auch Argumente dagegen:
– Untersuchungen in der Quantenphysik haben gezeigt, dass von Mikroobjekten nicht gleichzeitig Ort und Impuls beliebig genau bestimmt werden können (heisenbergsche Unbestimmbarkeitsrelation).
– Es ist auch mit modernen Messgeräten nicht möglich, Werte beliebig genau zu messen. Damit ergibt sich stets eine Unsicherheit, ob gleiche Ursachen tatsächlich gleiche Wirkungen hervorrufen.

Beim Finden der ersten Gesetze war es von entscheidender Bedeutung, dass es Vorgänge gibt, bei denen kleine Abweichungen in den Ursachen auch nur zu kleinen Abweichungen in den Wirkungen führen. Das wird als **starke Kausalität** bezeichnet.

Geringe Abweichungen in den Ausgangsbedingungen (Ursachen) können aber auch zu erheblichen Variationen in den Wirkungen führen. Man spricht in diesem Fall von **schwacher Kausalität**. In der Übersicht unten sind starke und schwache Kausalität gegenübergestellt und an Beispielen erläutert.

starke Kausalität	schwache Kausalität
Mehrfaches Werfen eines Balles	*Mehrfaches Werfen einer Karteikarte*
Ähnliche Ursachen führen zu ähnlichen Wirkungen.	**Ähnliche Ursachen führen zu nicht ähnlichen Wirkungen.**
Weitere Beispiele:	*Weitere Beispiele:*
– das Werfen einer Kugel – das Fallen eines Steines – das Erwärmen einer Flüssigkeit – das Fließen von Strom durch eine Spule	– das Werfen eines Würfels – das Herunterfallen eines Blattes – die Wirbel hinter einem Brückenpfeiler – das Wetter der nächsten Woche

Physikalische Systeme, bei denen kleine Änderungen der Anfangsbedingungen große Änderungen in den Auswirkungen haben können (schwache Kausalität), zeigen ein zufälliges, chaotisches Verhalten. Da auch für diese Systeme die physikalischen Gesetze gültig sind, bezeichnet man ein derartiges Verhalten als **deterministisches Chaos**.

Da eine große Anzahl von physikalischen, technischen und biologischen Systemen chaotisches Verhalten zeigen, ist es Ziel der Chaosforschung,
– Bedingungen zu bestimmen, unter denen sich Systeme chaotisch verhalten;
– Gesetze zu finden, die das chaotische Verhalten solcher Systeme beschreiben;
– festzustellen, durch welche Gesetze der Übergang von geordneten zu chaotischen Strukturen und Vorgängen beschrieben wird.

Relativ einfach und überschaubar lässt sich das Verhalten chaotischer mechanischer Systeme studieren. Danach ist zu prüfen, inwieweit sich die dabei gefundenen Gesetze auf komplexere Systeme übertragen lassen.

Von der Ordnung zum Chaos

Um Gemeinsamkeiten von chaotischen Systemen zu finden, sollen drei einfache mechanische Systeme betrachtet werden, die in der Übersicht unten dargestellt sind.
Analysiert man die Bewegungen in den drei Systemen Magnetpendel, Doppelpendel und Doppelmulde (Abb. 1), dann ergeben sich zwei Gemeinsamkeiten:
(1) Alle drei Systeme haben eine oder mehrere stabile Ausgangslagen. Bei kleinen Schwankungen um diese Lagen kann das System wieder in den ursprünglichen Zu-

Magnetpendel	Doppelpendel	Doppelmulde
Pendel mit Eisenkörper · Magnete	Pendel 1 · Pendel 2 · Zusatzkörper	Kugel · Mulde 1 · Mulde 2
Wird das Pendel nur wenig und in der Nähe eines Magneten gestartet, so wird es bei diesem Magneten zur Ruhe kommen. Wird das Pendel dagegen stark ausgelenkt, ist nicht vorhersagbar, wie es sich bewegt und bei welchem Magneten es stehenbleibt.	Wird das große Pendel nur um wenige Grad ausgelenkt, wiederholt es jedesmal ähnliche Bewegungen. Bei Auslenkungen ab ungefähr 90° verhält sich das kleinere Pendel 2 chaotisch, indem es eine nicht vorhersagbare Anzahl Umdrehungen im Uhrzeigersinn oder entgegengesetzt dazu vollführt.	Wird eine Kugel in der Nähe einer Mulde losgelassen, so wird sie nach kurzer Bewegung in dieser liegenbleiben. Wird die Kugel weiter entfernt gestartet, so ist nicht vorhersagbar, in welcher der beiden Mulden sie liegenbleiben wird.

1 Beispiele für einfache mechanische Systeme, die sich chaotisch verhalten können

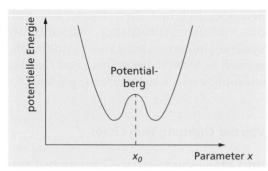

1 Prinzipieller Verlauf der potentiellen Energie bei einem chaotischen System mit einem Potentialberg $E_{pot,\,max}$ bei x_0

stand (Minimum der potentiellen Energie) zurückzukehren.

(2) Überschreiten die Schwankungen einen kritischen Wert, zeigen die Systeme ein nicht mehr vorhersagbares Verhalten. Dabei reagiert das System sehr sensibel auf kleine Änderung der Anfangsbedingungen (Startort).

Ursache für diese **Sensibilität** ist das Vorhandensein von Zuständen, in denen die potentielle Energie maximal wird (Abb. 1). Hat das System ungefähr diese Energie, dann entscheidet ein winziger Energiebetrag beim Erreichen dieses Zustandes, ob bei

$$E_{System} > E_{pot,\,max}$$

das System seinen Weg über den „Berg potentieller Energie" fortsetzen wird, bei

$$E_{System} < E_{pot,\,max}$$

das System kurz vor dem Gipfel des Potentialberges seinen Weg umkehren wird, bei

$$E_{System} = E_{pot,\,max}$$

das System auf dem Potentialberg zum Stillstand kommen wird.

Befindet sich ein System gerade auf einem solchen Potentialberg, so ist sein Verlassen

in jede Richtung möglich – sein Verhalten ist symmetrisch. Nähert sich aber ein chaotisches System in der beschriebener Weise der „Bergspitze", so sind die Richtungen nicht mehr gleichberechtigt – **die Symmetrie ist gebrochen**.

Betrachtet man das Verhalten chaotischer Systeme in der Nähe des Potentialberges genauer, so werden zwei weitere Merkmale chaotischer Systeme deutlich.

(3) Wird ein chaotisches System, welches sich im Zustand maximaler potentieller Energie befindet, minimal ausgelenkt, so kehrt es nicht in die Ausgangslage zurück, sondern die Auslenkung wird immer größer (Abb. 2). Sie verstärkt sich selbst. Diese Selbstverstärkung nennt man auch **positive Rückkopplung**.

(4) Die Kräfte, die das System veranlassen, sich immer schneller vom Potentialberg zu entfernen, hängen nicht linear von der Auslenkung ab.

Das soll am Beispiel von Fadenpendeln (der Faden soll für diesen Fall ein stabiler, aber sehr dünner und steifer Draht sein) veranschaulicht werden (Abb. 1, S. 113). Für beide Pendel gilt:

$$\sin x = \frac{F_r}{F_g} \text{ und damit}$$

$$F_r = m \cdot g \cdot \sin x$$

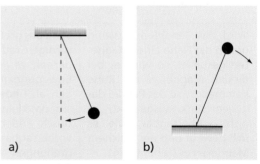

a)   b)

2 Im Unterschied zu einem „normalen" Fadenpendel (a) vergrößert sich bei einem chaotischen System (b) mit Verringerung der potentiellen Energie die Auslenkung.

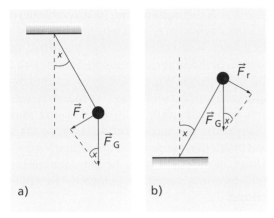

1 Rückwirkende bzw. auslenkende Kraft F_r bei Fadenpendeln mit unterschiedlicher Ausgangslage

Man kann die Sinusfunktion auch als unendliche Reihe schreiben:

$$\sin x = x - x^3/3! + x^5/5! - x^7/7! + \dots$$

Damit gilt für die rückwirkende bzw. auslenkende Kraft:

$$F_r = m \cdot g\,(x - x^3/3! + x^5/5! - x^7/7! + \dots)$$

Wenn das Fadenpendel aus der unteren Gleichgewichtslage um einen kleinen Winkel x_0 ausgelenkt wird (Abb. 1a), so können die höheren Potenzen von x vernachlässigt werden (wenn der Winkel kleiner als 5° ist, dann ist $x_0 < 0{,}0873$). Dann gilt in guter Nährung ein lineares Kraftgesetz $F_r = m \cdot g \cdot x$. Die rücktreibende Kraft F_r wächst linear mit der Auslenkung x. Dies führt zu der bekannten Gleichung für die harmonische Schwingung $x = x_0 \cdot \sin \omega \cdot t$.
Wird das Fadenpendel aus der oberen Gleichgewichtslage ausgelenkt (Abb. 1b), vergrößert sich die Auslenkung exponentiell:

$$x = x_0 \cdot e^{\sqrt{\frac{g}{l}} \cdot t}$$

Damit können die größeren Potenzen von x nicht mehr vernachlässigt werden. Daraus ergibt sich:

Die Beschreibung mit **nichtlinearen Gleichungen** ist ein charakteristisches Merkmal von chaotischen Systemen.

Beschreibung chaotischer Systeme

Zur Beschreibung des Verhaltens chaotischer Systeme ist es oft nicht notwendig, die Vorgänge vom Beginn bis zum Ende der Beobachtung genau nachzuvollziehen. Es reicht mitunter zu wissen, von welchem Startpunkt (Ursache) welcher Endpunkt (Wirkung) erreicht wird. Da chaotische Systeme von diesen Endpunkten gewissermaßen „angezogen" werden, nennt man sie auch **Attraktoren**. Durch die grafische Darstellung solcher Attraktoren kann die Sensitivität chaotischer Systeme gegenüber den Anfangsbedingungen genau erfasst werden. Wir betrachten dazu nachfolgend einige Beispiele.

Beispiel 1:
Beim Magnetpendel (s. S. 111) ist es im Realexperiment oder durch eine Computersimulation möglich, für jeden Startpunkt zu erfassen, bei welchem Magneten das Pendel stehen bleibt (Abb. 2).

2 Attraktoren für ein Magnetpendel sind die Magnete. Die Attraktoren sind rot, blau und gelb eingefärbt.

Man erkennt um die Magnete größere einfarbige Attraktionsgebiete. Je weiter man sich jedoch von den Magneten entfernt, umso mehr durchdringen sich die Farben, umso sensibler reagiert das Pendel auf kleine Abweichungen beim Start.

Beispiel 2:

Bei der Beobachtung von Tierpopulationen stellte der belgische Mathematiker P. F. VERHULST schon 1845 chaotisches Verhalten fest. Zur Beschreibung der Größe einer Tierpopulation hat er eine Gleichung entwickelt: Wenn r eine für die zu untersuchende Tierpopulation typische Vermehrungsrate ist, so ergibt sich die Anzahl der nächsten Generation x_{n+1} aus der vorangegangenen x_n aus $x_{n+1} = r \cdot x_n$, wobei zum besseren Vergleich verschiedener Populationen die Größe x zwischen 0 und 1 normiert wird, d. h. $x = 1$ bedeutet 100 % der möglichen Anzahl von Tieren einer bestimmten Art.

Damit würde aber exponentielles Wachstum vorliegen und die Tierpopulation würde sehr schnell ins Unermessliche wachsen. Aber das vorhandene Territorium, das begrenzte Nahrungsangebot u. a. verhindern schon nach kurzer Zeit ein solches ungehemmtes Wachstum. Das hat VERHULST in seiner Gleichung durch einen Faktor $1 - x_n$ berücksichtigt. Je mehr Tiere also in der vorangegangenen Generation vorhanden waren und sich gegenseitig Konkurrenz machen, umso weniger Tiere werden in der darauf folgenden Generation überleben.

Unter Berücksichtigung beider Aspekte erhält man die sogenannte **logistische Gleichung**:

> Die logistische Gleichung lautet:
> $$x_{n+1} = r \cdot x_n (1 - x_n)$$

Das ist eine nichtlineare Gleichung, wie sie typisch ist zur Beschreibung chaotischer Prozesse. Weil sie relativ einfach ist, soll sie genauer untersucht werden, da ihre Eigenschaften auch für andere chaotische Prozesse charakteristisch sind. Die Sensibilität gegenüber den Anfangsbedingungen kann jetzt auch mathematisch untersucht werden. Als äußere Bedingungen für die Tierpopulation wird einmal die Vermehrungsrate

Generation	$r = 3$		$r = 4$	
0	0,2	0,1999	0,2	0,1999
1	0,48	0,479819	0,64	0,639759
2	0,7488	0,748778	0,9216	0,921868
3	0,564295	0,564328	0,289013	0,288107
4	0,737598	0,737585	0,821939	0,820406
5	0,580641	0,580659	0,585420	0,589359
6	0,730490	0,730482	0,970813	0,968059
7	0,590621	0,590633	0,113339	0,123680
8	0,725363	0,725356	0,401973	0,433535
9	0,597634	0,597643	0,961563	0,982329
10	0,721402	0,721397	0,147836	0,069432
11	0,602942	0,602949	0,503923	0,258446
12	0,718208	0,718204	0,999939	0,766606
13	0,607155	0,607160	0,000023	0,715682

1 Entwicklung einer Tierpopulation unter verschiedenen Bedingungen

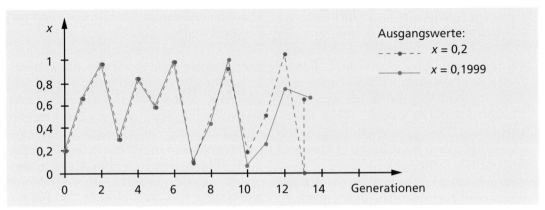

1 Entwicklung einer Tierpopulation für die Vermehrungsrate $r = 4$ und die Ausgangspopulation $x = 0,2$ und $x = 0,1999$

$r = 3$ und zum anderen $r = 4$ angenommen. Als Ausgangspopulation wird in der 0-ten Generation $x = 0,2$ gewählt. Um die Sensibilität des Systems zu prüfen, wird parallel auch mit dem Startwert $x = 0,1999$ gerechnet.

Man erkennt aus Abb. 1, S. 114, dass sich das System für $r = 3$ einem Attraktor nähert, der in der Nähe von 0,6 liegt. Das System zeigt also ein geordnetes Verhalten.

Wird dagegen eine Vermehrungsrate $r = 4$ angenommen, ergeben minimale Änderungen der Anfangswerte schon ab der 10. Generation beträchtliche Unterschiede (Abb. 1). Man kann jetzt nicht mehr voraussagen, welchem Attraktor sich die Population nähern wird. Das Verhalten chaotischer Systeme ist also nur für eine begrenzte Zeit (hier Generationenzahl) voraussagbar.

Um für alle möglichen Werte von r das Verhalten des Systems studieren zu können, ist es wiederum vorteilhaft, nicht mehr die Zwischenwerte für jede Generation aufzunehmen, sondern nur die Attraktoren für jedes r zu betrachten. Dieses Vorgehen setzt eine leistungsfähige Rechentechnik voraus, wie sie erst in den letzten Jahrzehnten zur Verfügung steht.

Stellt man die Ergebnisse grafisch dar, so erhält man ein Diagramm, welches zum ersten Mal 1975 von dem amerikanischen Physiker MITCHELL FEIGENBAUM (geb. 1945) erarbeitet

wurde (Abb. 2). Die Vielfalt der Informationen, die einem solchen Diagramm entnommen werden kann, soll exemplarisch verdeutlicht werden:

1. Genauere Untersuchungen ergeben, dass das System für

$r \leq 3,00$	sich einem stabilen Attraktorwert nähert,
$3,00 < r \leq 3,44$	zwischen zwei Werten schwankt,
$3,44 < r \leq 3,54$	zwischen vier Werten schwankt,
$3,54 < r \leq 3,5699$	zwischen acht, 16, 32 usw. Werten schwankt,
$3,57 < r$	sich chaotisch verhält, d. h. es ist nicht mehr vorhersagbar, welchen Wert das System anstrebt.

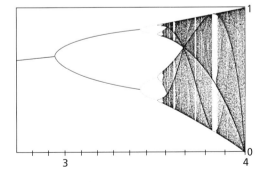

2 FEIGENBAUM-Diagramm

Dieses Aufspalten der Linie (**Bifurkation**) in zwei, vier, acht usw. ist eine für viele chaotische Prozesse typische **Periodenverdopplung**. Betrachtet man z. B. die Stellen im Diagramm genauer, an denen sich eine Teilung vollzieht, so stellt man Muster fest, die sich immer kleiner wiederholen. Diese **Selbstähnlichkeit** ist ebenfalls typisch für chaotische Prozesse (s. auch Bild S. 95).

2. In den das chaotische Verhalten charakterisierenden Fächern fallen dunkle parabelförmige Linien auf. Längs dieser Linien besteht eine höhere Wahrscheinlichkeit für das Eintreten dieses Systemverhaltens.

3. Inmitten der chaotischen Fächer fallen senkrechte weiße Bänder auf. In diesen „Fenstern der Ordnung" wird das System stabil, das Verhalten wird wieder vorhersagbar.

Wird einem System nur einmal Energie zugeführt (z. B. Auslenkung des Magnetpendels), dann lässt sich mit den genannten Verfahren sein Verhalten hinsichtlich der Anfangsbedingungen beschreiben.

Wird einem System aber ständig Energie zugeführt, dann wird sein Verhalten nicht nur von den Anfangsbedingungen, sondern auch z. B. vom Rhythmus und Zeitpunkt der Energiezufuhr abhängen. Zur Beschreibung ist es dann notwendig, den Zustand des Systems zu jedem Zeitpunkt zu erfassen.

Das soll am Beispiel eines Drehpendels verdeutlicht werden (Abb. 1).

Durch eine Zusatzmasse besitzt das Drehpendel zwei stabile Ruhelagen mit minimaler potentieller Energie (Kräftegleichgewicht zwischen Federkraft und Gewichtskraft). Dazwischen befindet sich ein Potentialberg (Abb. 2).

Das Pendel wird durch die Exzenterscheibe in Schwingungen nahe der Resonanzfrequenz versetzt. Zusätzlich läuft das Pendel durch eine variabel einstellbare Wirbelstrombremse, mit der die Dämpfung der Schwingung verändert werden kann.

Ist die Dämpfung groß, so schwingt es minimal um eine der beiden stabilen Ruhelagen. Je kleiner die Dämpfung gemacht wird, umso mehr nähert sich das Pendel dem „Potentialberg". Minimale Energiebeträge reichen jetzt aus, das Verhalten chaotisch zu machen.

Für den soeben beschriebenen Prozess der schrittweisen Verringerung der Dämpfung soll das jeweilige Verhalten des Pendels grafisch dargestellt werden. Zum einen erfolgt die Darstellung in den gewohnten **Amplituden-Zeit-Diagrammen** (Abb. 1a–d, S. 117) und zum anderen in sogenannten **Phasenraum-Diagrammen** (Abb. 2a–d, S. 117). Bei diesen Diagrammen werden in diesem Beispiel zu jedem Zeitpunkt der Auslenkwinkel α und die Winkelgeschwindigkeit ω eingezeichnet.

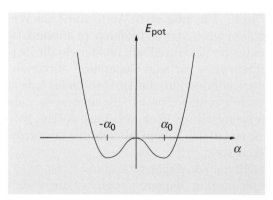

1 Drehpendel mit Wirbelstrombremse: Sein Verhalten ist von der Stärke der Dämpfung abhängig.

2 Potentielle Energie bei einem Drehpendel in Abhängigkeit vom Auslenkwinkel α

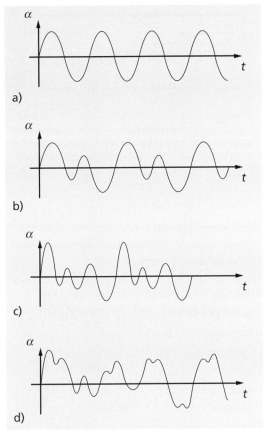

1 Amplituden-Zeit-Diagramm bei Verringerung der Dämpfung

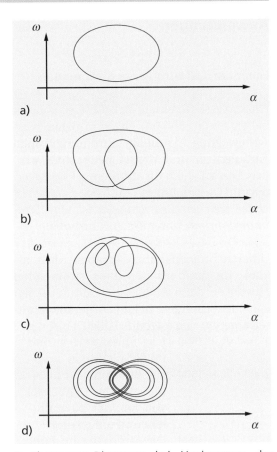

2 Phasenraum-Diagramm bei Verringerung der Dämpfung

Im Vergleich der Diagramme lässt sich erkennen, dass eine schrittweise **Periodenverdopplung** eintritt, die dann vom Chaos abgelöst wird. Darüber hinaus wird deutlich, dass

Phasenraum-Diagramme gut erkennen lassen, ob sich ein System periodisch verhält (geschlossener Kurvenzug) oder ob es chaotisches Verhalten zeigt.

Fraktale

Der Mathematiker B. B. MANDELBROT hat gezeigt, dass fraktale Strukturen in vielen Bereichen der Natur, z. B. bei Wolkenbildungen, bei Galaxien oder bei biologischen Systemen, auftreten. Auch natürliche Wachstumsprozesse, z. B. beim Kristallwachstum, führen zu fraktalen Strukturen.

Selbstähnliche fraktale Strukturen lassen sich auf Computern mit Hilfe nichlinearer Abbildungsvorschriften konstruieren.

3 Fraktale gibt es in den unterschiedlichsten Formen.

Anwendungen

Laminare und turbulente Strömungen

Fließt Wasser in einem Bachbett, so können neben einer ruhigen, gleichförmigen Wasserbewegung (laminare Strömung) auch Turbulenzen und Wirbel beobachtet werden. Das gilt auch für strömende Flüssigkeiten und Gase in Röhren(Abb. 1).
Unter welchen Bedingungen ist eine Strömung laminar, unter welchen turbulent?

Untersuchungen haben ergeben, dass als Maß für das Verhalten einer strömenden Flüssigkeit die reynoldssche Zahl R_e dienen kann. Insbesondere in langen, geraden Rohren ergeben sich folgende Fälle:

$R_e < 2000$ Die Flüssigkeit strömt im Rohr laminar.

$2000 < R_e < 3000$ Die Strömung ist instabil, ständiger Wechsel von laminar zu turbulent und umgekehrt.

$R_e > 3000$ Die Strömung im Rohr ist turbulent.

Die reynoldssche Zahl

Die **reynoldssche Zahl R_e**, benannt nach dem englischen Physiker OSBORNE REYNOLDS (1842 bis 1912), ist eine Ähnlichkeitszahl. Körper zeigen in Strömungen gleiches Verhalten, wenn sie in ihrer Reynoldszahl übereinstimmen. Genutzt wird das zum Beispiel bei der Untersuchung von Auto- und Flugzeugmodellen im Windkanal (Abb. 2). Diese Zahl wird definiert mit der Gleichung:

$$R_e = \frac{l \cdot v \cdot g}{\eta}$$

Dabei bedeuten *l* die Länge des Körpers, der umströmt wird bzw. der Durchmesser des durchströmten Rohres, *v* die Geschwindigkeit des Körpers gegenüber der Strömung bzw. Geschwindigkeit der Strömung gegenüber der Gefäßwand, *ρ* die Dichte der Flüssigkeit und *η* die Viskosität (Zähigkeit) der Flüssigkeit.

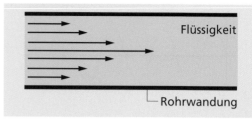

1 Geschwindigkeitverteilung einer strömenden Flüssigkeit in einem Rohr: An der Rohrwand wird die Flüssigkeit abgebremst. Ist die Geschwindigkeitsdifferenz zwischen den einzelnen Flüssigkeitsschichten zu groß, kommt es zu Turbulenzen.

Der Übergang von einer laminaren zu einer turbulenten Strömung tritt auch im **Blutkreislauf des Menschen** auf.

Durchströmt Blut eine Kapillare, so können folgende Werte angenommen werden:

Dichte des Blutes $\rho = 1000 \, \text{kg/m}^3$

Viskosität des Blutes $\eta = 4 \cdot 10^{-3} \, \text{Ns/m}^2$

Durchmesser der Kapillare $l = 0{,}008 \, \text{mm}$

Geschwindigkeit des Blutes $v = 5 \, \text{mm/s}$

Daraus ergibt sich eine reynoldssche Zahl von $R_e = 0{,}01$. Das Blut fließt laminar durch die Gefäße.

2 Die Strömung um ein Fahrzeug ist bei kleiner Relativgeschwindigkeit laminar, bei größeren Relativgeschwindigkeiten treten Turbulenzen auf.

Luftströmung an Flügeln und Tragflächen

Durch den Flügel wird der Luftstrom so geteilt, dass der größere Teil mit einer wesentlich größeren Geschwindigkeit den Flügel oberhalb und der kleinere, langsamere unten umströmt. Dadurch entsteht über dem Flügel ein kleinerer Druck als unter diesem – Folge ist der dynamische Auftrieb. Doch nicht dieses Phänomen soll betrachtet werden, sondern ein unangenehmer Nebeneffekt der Luftströmung um den Flügel.

An der Vorderkante strömt die Luft laminar am Flügel entlang. Die Luft in der Nähe der Oberfläche wird durch die Reibung am Flügel immer langsamer. Je weiter die Luft am Flügel entlang strömt, desto größer wird der Geschwindigkeitsunterschied zwischen den einzelnen Luftschichten. Die reynoldssche Zahl wächst über den kritischen Wert, die Strömung wird turbulent (Abb. 1).

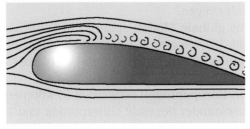

1 Luftströmung um eine Tragfläche: Die Strömung kann laminar oder turbulent sein.

Dadurch vergrößert sich an einigen Stellen die Differenzgeschwindigkeit zur Tragfläche, was ein Ansteigen des Strömungswiderstandes zu Folge hat.

Gelingt es durch geeignete technische Maßnahmen, die Strömung zumindest in der vorderen Flügelhälfte laminar zu halten, so könnte der Widerstand erheblich gesenkt werden. Eine Möglichkeit zur Beseitigung dieser langsamen Oberflächenschicht, die zur Zeit erprobt wird, ist das Erzeugen von schnellen Luftstrahlen durch Schlitze in den Tragfläche. Eine andere ist das Absaugen dieser Grenzschicht. Dazu müsste die Oberfläche mit Tausenden winziger Löcher versehen werden.

Strömt Blut durch die Aorta, so liegen veränderte Werte vor:

Durchmesser der
Aorta $l = 20\ \text{mm}$
Geschwindigkeit
des Blutes $v = 0{,}3\ \text{m/s}$

Auch für diesen Fall ergibt die reynoldssche Zahl mit $R_e \approx 1\ 500$ eine laminare Blutströmung. Nähert sich das Blut jedoch der Herzklappe, so vergrößert sich seine Geschwindigkeit auf etwa 0,8 m/s. Dementsprechend wird $P_e \approx 4\ 200$. Das Blut strömt jetzt turbulent. Diese Turbulenzen sind sogar mit einem Stethoskop hörbar.

Stabilität des Sonnensystems

Eines der überzeugenden Beispiele für die Kausalität im Naturgeschehen war die Berechnung der Planetenbahnen mit Hilfe des newtonschen Gravitationsgesetzes.

Für ein ideales Zwei-Körper-Problem (z.B. Mond – Erde) sind die Gleichungen exakt lösbar. Die Bahnen und damit das gesamte System sind stabil. Dabei werden jedoch z. B. Einflüsse anderer Himmelskörper vernachlässigt.

Ist auch ein chaotisches Verhalten von Himmelskörpern denkbar? Unter welchen Bedingungen könnte es auftreten?

Sollen die Einflüsse der Planeten untereinander bei ihrer Bewegung um die Sonne untersucht werden (Drei-Körper-Problem), so sind die dazu gehörigen Gleichungen mathematisch nur noch näherungsweise lösbar. Der französische Mathematiker und Physiker JULES HENRI POINCARÉ (1854–1912) hat diese Gleichungen 1899 als Erster untersucht. Seine Berechnungen ergaben, dass sogar winzige Anziehungskräfte durch einen dritten Körper einen Planeten dazu bringen können, auf seiner Bahn im Zickzack „herumzutorkeln" oder sogar völlig das Sonnensystem zu verlassen.

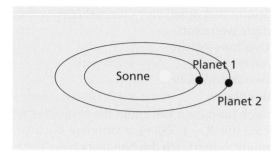

1 Bahnen zweier Planeten um die Sonne

Dieser Fall tritt könnte z. B. dann eintreten, wenn die Umlaufzeiten zweier Planeten ein gemeinsames Vielfaches haben. So verhalten sich die Umlaufzeiten von Saturn zum Jupiter etwa wie 5 : 2. Das würde bedeuten, dass sie sich alle 10 Jahre in einer ähnlichen Stellung zueinander befinden (Abb. 1).

Durch die gegenseitige Anziehungskraft würden sich bei jeder Begegnung die Bahnen eine Winzigkeit verformen. In den Jahrmillionen müssten sie sich völlig verändert haben.

Dass diese kosmische Katastrophe nicht eintritt, liegt an dem genauen Verhältnis der Umlaufzeiten. Dieses beträgt nicht 5 : 2, sondern 4,97 : 2. Durch diesen winzigen Unterschied verschiebt sich der Begegnungspunkt jedesmal ein Stückchen weiter. Die winzige Störung wird also nicht verstärkt. Es tritt keine positive Rückkopplung auf.

Grenzen der Wettervorhersage

Zur Wetterbeobachtung und zur Erfassung der Wetterdaten sammeln zahlreiche feste Beobachtungsstationen, Stationen auf Schiffen und Bohrinseln sowie auf den Meeren schwimmende automatische Wetterstationen stündlich Daten von Wettergrößen wie Luftdruck. Temperatur, Windstärke und Regenmenge. Darüber hinaus werden mit Hilfe von Wetterballons, Radaranlagen und Wettersatelliten zahlreiche Daten erfasst (Abb. 2).

Jeden Tag werden auf diese Weise Millionen Wetterdaten erfasst und elektronisch verarbeitet.

Wie genau ist eine Wettervorhersage heute? Wo liegen die Ursachen für die Unsicherheit von Wettervorhersagen? Gibt es Grenzen der Genauigkeit?

Die Vielzahl von aktuellen Daten ermöglicht in Verbindung mit moderner Rechentechnik relativ sichere Prognosen. Sie werden umso unsicherer, je länger der Prognosezeitraum ist und je kleiner der Bereich ist, auf den man diese Prognose bezieht.

Die Qualität der Wetterprognosen hängt auch von den verwendeten Modellen ab. Bei der Konstruktion solcher Modelle, wie sie z. B. der Deutsche Wetterdienst verwendet, wird die gesamte Erde mit einem Gitter aus Hunderttausenden Punkten überzogen, die in verschiedenen Höhenschichten übereinander liegen.

Das **globale Modell** spannt ein Gitter von 200 Kilometern Maschenweite über den Globus. Es ermöglicht Prognosen bis zu sieben Tagen.

Das **Europamodell** verwendet 55 Kilometer auseinander liegende Gitterpunkte und erfasst Europa, den Mittelmeerraum, Nordafrika und den Nordatlantik. Es liefert Wettervorhersagen für drei Tage.

2 Der Wettersatellit Meteosat übermittelt alle 30 min ein Wetterbild von Europa zur Erde.

Erklären physikalischer Erscheinungen

Beim Erklären wird zusammenhängend und geordnet dargestellt, warum eine Erscheinung in Natur und Technik so und nicht anders auftritt. Dabei wird die *einzelne* Erscheinung auf das Wirken *allgemeinerer* Gesetze zurückgeführt, indem dargestellt wird, dass die Wirkungsbedingungen bestimmter Gesetze in der Erscheinung vorliegen. Auch Modelle können zum Erklären herangezogen werden.

Beim Erklären sollte man deshalb Folgendes darstellen:

1. Beschreiben Sie die für das Wirken von Gesetzen und Anwenden von Modellen wesentlichen Seiten in der Erscheinung! Lassen Sie unwesentliche Seiten unberücksichtigt!

2. Nennen Sie Gesetze und Modelle, mit denen die Erscheinung erklärt werden kann, weil deren Wirkungsbedingungen vorliegen!

3. Führen Sie die Erscheinung auf das Wirken physikalischer Gesetze bzw. auf das Anwenden von Modellen zurück!

Das **Deutschlandmodell** beschränkt sich auf Deutschland und seine Nachbarländer. Es besitzt eine räumliche Auflösung von 14 Kilometern und seine Prognosen reichen bis zu 48 Stunden in die Zukunft.

Die Berechnung dieser Modelle erfolgt durch das Bearbeiten eines Systems mehrerer miteinander gekoppelter nichtlinearer Gleichungen. Das gelingt nur mit sehr leistungsstarken Rechnern.

Trotz dieses riesigen Aufwandes haben die Prognosen für den nächsten Tag nur eine Trefferquote von 85 % bis 90%. Diese sinkt aber schon auf 65% bei einer Wettervorhersage für fünf Tage. Das Wetter für die nächsten vierzehn Tage ist praktisch nicht vorhersagbar. Die Ursachen dafür liegen darin, dass Wetter ein chaotischer Prozess ist.

Der amerikanischer Meteorologe E. N. LORENZ war einer der Ersten, der dies 1963 bemerkte, als er mit einem System aus drei Gleichungen ein Wettermodell berechnen wollte. Nachdem er seinem Computer die Messdaten eingegeben hatte, überbrückte er die Wartezeit in der Kantine. Beim Zurückkommen schaute er etwas misstrauisch auf das recht unerwartete Ergebnis (die Rechentechnik war damals nicht nur langsam, sondern auch fehlerhaft) und gab ein Zwischenergebnis zur erneuten Berechnung ein. Diesmal errechnete der Computer eine gänzlich andere Vorhersage. Eine nochmalige Rechnung bestätigte – es lag nicht am Computer. LORENZ hatte statt des genauen Zwischenergebnisses von $0,506\,127$ den gerundeten Wert $0,506$ eingegeben. Offensichtlich können minimale Änderungen in den Anfangsbedingungen (z. B. Druck, Temperatur, Bewölkungsgrad) zu völlig unterschiedlichen Wetterentwicklungen führen.

Bei einer Vorlesung über seine Entdeckung fasste LORENZ diese Erscheinung in das Bild: *„Der Flügelschlag eines Schmetterlings in Brasilien könnte einen Tornado in Texas verursachen"*.

Voraussagen physikalischer Erscheinungen

Beim Voraussagen wird auf der Grundlage von Gesetzen und Modellen eine Folgerung in Bezug auf eine Erscheinung in Natur und Technik abgeleitet und zusammenhängend dargestellt.

Dabei muss von den Wirkungsbedingungen der Gesetze ausgegangen werden.

Beim Voraussagen sollte man deshalb wie folgt vorgehen:

1. Beschreiben Sie die für das Wirken von Gesetzen und Anwenden von Modellen wesentlichen Seiten in der Erscheinung! Lassen Sie unwesentliche Seiten unberücksichtigt!

2. Nennen Sie Gesetze und Modelle, die der Erscheinung zugrunde liegen, weil deren Wirkungsbedingungen vorliegen!

3. Leiten Sie Folgerungen für die Erscheinung ab!

Um diese Sensibilität gegenüber kleinen Ungenauigkeiten bei den Anfangswerten bei Wetterprognosen zu berücksichtigen, werden die Rechnungen nicht nur mit den gemeldeten Werten (z. B. 20°C) sondern auch mit leicht variierten Werten (z. B. 19,95 °C oder 20,05 °C) durchgeführt. Führen dann 75 von 100 Rechnungen zu Wettervorhersagen mit Niederschlag, besteht eine Niederschlagswahrscheinlichkeit von 75%.

Durch eine Verdichtung von Wetterstationen und den Einsatz von leistungsfähigen Computern sollen Wetterprognosen weiter verbessert und vor allem ihre Zuverlässigkeit für einzelne Orte und Regionen verbessert werden.

Das menschliche Herz – ein chaotisches System?

Das gesunde menschliche Herz schlägt regelmäßig 60- bis 80-mal pro Minute. Doch mitunter „stolpert" das Herz – zusätzliche Kontraktionen oder „Aussetzer" (Extrasystolen) stören den Herzrhythmus. Im Extremfall kann auch ein völlig unrhythmischer Zustand, ein Herzkammerflimmern, eintreten. Dieser führt innerhalb kürzester Zeit zum plötzlichen Herztod. Ein im Vorfeld aufgenommenes Elektrokardiogramm (Abb. 1) gibt keinerlei Hinweise auf diese gefährliche Entwicklung.

Wie kann man charakteristische Unterschiede bei der Herztätigkeit erfassen?

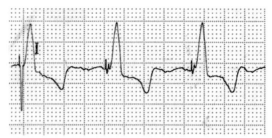

1   Die Herztätigkeit kann auch mit Hilfe eines EKG (Elektrokardiogramm) beurteilt werden.

Da sowohl ein gesundes als auch ein krankes Herz unregelmäßig schlägt, wurde versucht, mit geeigneten Phasenraum-Diagrammen charakteristische Unterschiede zu beschreiben. Dazu wurden die Zeitdifferenzen zwischen dem ersten und zweiten Δt_{12} , dem zweiten und dritten Δt_{23} sowie zwischen dem dritten und vierten Herzschlag Δt_{34} gemessen und in einem räumlichen Koordinatensystem dargestellt (Abb. 2).

Charakteristisch für ein gesundes Herz ist die eingegrenzte Keulenform (Abb. 2a). In ihr kommt die Flexibilität des Herzens als Anpassung an verschiedene Anforderungen zum Ausdruck.

Bei gestörtem Herzrhythmus ist die Keulenform nur noch minimal vorhanden (Abb. 2b). Dagegen ist eine typische Wolke um die Keule zu erkennen, die durch die zeitweiligen „Stolperer" hervorgerufen wird. Bei Herzkammerflimmern erscheint durch den sehr unregelmäßigen Herzschlag ein fast zufällig verteiltes Punktemuster (Abb. 2c).

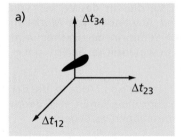 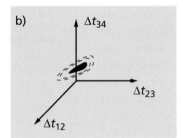 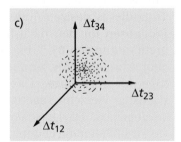

2   Phasenraum-Diagramm der Herztätigkeit bei normalem Rhythmus (a), gestörtem Rhythmus (b) und Herzkammerflimmern (c).

Aufgaben

1. In der Übersicht S. 110 ist am Beispiel des Werfens von Körpern starke und die schwache Kausalität verdeutlicht.
   a) Diskutieren Sie, welche physikalischen Gesetze in den beiden dargestellten Fällen wirken!
   b) Worin unterscheidet sich das Wirken physikalischer Gesetze?

2. Nennen und erläutern Sie Beispiele aus Natur und Technik
   a) für starke Kausalität,
   b) für schwache Kausalität!

3. Begründen Sie, warum es den „laplaceschen Dämon" nicht gibt!

4. Erläutern Sie an einem Beispiel, unter welchen Bedingungen ein physikalisches System von der Ordnung in einen chaotischen Zustand übergehen kann!

5. Untersuchen Sie experimentell, ab welchem Öffnungswinkel α Papiertrichter chaotisch fallen! Begründen Sie, wie dieses Verhalten entsteht!

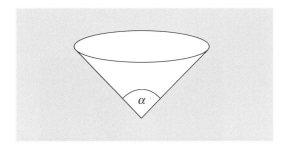

6. Beschreiben Sie ein technisches Gerät, bei dem bewusst das deterministische Chaos genutzt wird!

7. Welche der folgenden Glücksspiele beruhen auf chaotischen Prozessen? Begründen Sie Ihre Auswahl!
   a) „6 aus 49"
   b) „Mensch ärgere Dich nicht!"
   c) „17 und 4"
   d) „Roulette"
   e) „Glücksrad"
   f) „Fußballtoto"

8. Jemand möchte einen Automaten bauen, der nur „Sechsen" würfelt. Begründen Sie, warum dieses Vorhaben nicht gelingen wird!

9. Stellen Sie aus Pressemitteilungen eine Materialsammlung an Beispielen für deterministisches Chaos in mindestens drei verschiedenen Gebieten zusammen!

10. Verfolgen Sie über zwei Wochen den langfristigen (fünf Tage) und kurzfristigen (ein Tag) Wetterbericht in Ihrer Tageszeitung! Schätzen Sie die Qualität auf einer Skala von 0 (keine Übereinstimmung) bis 10 (volle Übereinstimmung) durch Vergleich mit dem wirklich eingetretenen Wetter ein! Begründen Sie eventuelle Abweichungen in der Vorhersagequalität in Abhängigkeit von der Langfristigkeit der Vorhersage!

11. Der Saturn wird von Monden und kleineren Körpern (die insgesamt die Ringe bilden) begleitet. Aufnahmen der Ringe zeigen Lücken in bestimmten Abständen.

Begründen Sie deren Zustandekommen!

Das Wichtigste im Überblick

Physikalische Systeme können sich in unterschiedlicher Weise entwickeln. Dabei wird zwischen **starker Kausalität** und **schwacher Kausalität** unterschieden.

$$\boxed{\text{Kausalität}}$$

(Zusammenhang zwischen Ursache und Wirkung)

kann stark sein.
Ähnliche Ursachen führen zu ähnlichen Wirkungen (Determinismus).

kann schwach sein.
Ähnliche Ursachen führen zu nicht ähnlichen Wirkungen (deterministisches Chaos).

Ein bestimmtes System kann sich je nach der Ausgangssituation nicht chaotisch oder chaotisch verhalten.

Chaotische Systeme weisen folgende Merkmale auf:

- Es existieren eine oder mehrere **stabile Ausgangslagen**.
- Überschreiten die Schwankungen einen **kritischen Wert**, dann reagiert das System chaotisch.
- Chaotische Systeme streben **Attraktoren** (Endpunkten) zu.
- Die Beschreibung chaotischer Systeme erfolgt mit nichtlinearen Gleichungen. Ein Beispiel dafür ist die **logistische Gleichung**.

$$x_{n+1} = r \cdot x_n (1 - x_n)$$

Sie beschreibt die Entwicklung einer Tierpopulation mit der Vermehrungsrate r und der Ausgangspopulation x_n.

Magnetpendel

Attraktoren eines Magnetpendels

Das Verhalten chaotischer Systeme lässt sich wie das Verhalten nicht chaotischer Systeme beschreiben. Für einige Systeme ist eine besonders anschauliche Möglichkeit die Beschreibung mit FEIGENBAUM-Diagrammen.

Physikalische Grundlagen chemischer Reaktionen

Unterschiedliche chemische Reaktionen

Aus der Alltagserfahrung weiß man, dass es viele chemische Reaktionen gibt, die, nachdem sie in Gang gekommen sind, von allein ablaufen. So muss man sich nicht andauernd um die einmal entzündete Gasflamme im Herd kümmern, sie brennt selbstständig weiter. Andere Stoffumwandlungen lassen sich wiederum nur dann durchführen, wenn man beträchtliche Energie in sie hineinsteckt.

Warum laufen bestimmte Stoffumwandlungen von selbst ab? Weshalb muss man andere Reaktionen regelrecht erzwingen?

Chemische Energie – Quelle für Wärme

Beim Verbrennen von Erdöl, Holz und Kohle oder bei der Atmung wandelt sich chemische Energie in thermische Energie um. In Form von Wärme kann diese Energie direkt genutzt werden.

Woher stammt die in vielen Kohlenstoffverbindungen gespeicherte Energie? Warum ist sie noch längst nicht verbraucht – schließlich laufen Verbrennungs- und Atmungsvorgänge schon sehr lange auf der Erde ab?

Physikalische Größen haben Einfluss

Bei der Herstellung von chemischen Stoffen versucht man die physikalischen Bedingungen so zu gestalten, dass die Menge der gewünschten Reaktionsprodukte möglichst groß ist.

In welcher Weise wirkt sich bei einer bestimmten Stoffumwandlung die Veränderung der Temperatur aus? Wie kann man vorhersagen, ob aus einer chemische Reaktion zusätzlich auch noch nutzbare Arbeit gewonnen werden kann?

Wichtige Merkmale chemischer Reaktionen

Chemische Reaktionen sind Vorgänge, bei denen sich Ausgangsstoffe in andere Stoffe umwandeln. Dies geschieht, indem die Bindungen der Teilchen der Ausgangsstoffe gelöst werden und diese dann neue Bindungen in veränderten Teilchenkombinationen eingehen (Abb. 1). Die dadurch gebildeten Substanzen, man nennt sie **Reaktionsprodukte**, besitzen andere Eigenschaften als die **Ausgangsstoffe**.

Jede chemische Reaktion ist nicht nur mit einer stofflichen Veränderung, sondern auch mit einer **Energieumsetzung** verknüpft. Dabei bestehen zwei Möglichkeiten. Entweder wird bei der Stoffumwandlung Energie frei oder die Stoffumwandlung findet nur dann statt, wenn man den reagierenden Stoffen Energie zuführt. Nur in Sonderfällen ist der Energieumsatz gleich null.

Während einer chemischen Reaktion können die verschiedensten Energieformen auftreten. So kommt es häufig zur Emission elektromagnetischer Energie (z. B. Licht) oder zur Abgabe von mechanischer Energie (durch Gase, die sich ausdehnen). Unabhängig von den jeweiligen Verhältnissen ist aber **immer Wärme an einer Stoffumwandlung** beteiligt.

Deshalb kann man chemische Reaktionen anhand ihrer Wärmebilanz in zwei Arten unterteilen.

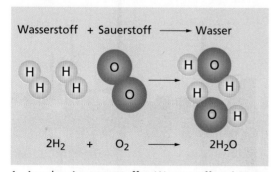

1 Aus den Ausgangsstoffen Wasserstoff und Sauerstoff entsteht das Reaktionsprodukt Wasser.

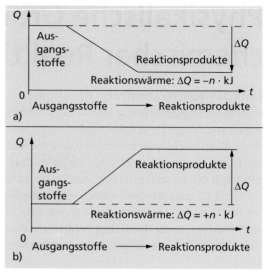

2 Energiebilanz für exotherme (a) und endotherme (b) Reaktionen

> Wird Wärme abgegeben, dann spricht man von einer **exothermen Reaktion**. Bei einer **endothermen Reaktion** wird hingegen Wärme aufgenommen.

Ein einfaches Beispiel für eine **exotherme Reaktion** (Abb. 2 a) ist die Verbrennung von Kohlenstoff zu Kohlenstoffdioxid:
$$C + O_2 \longrightarrow CO_2$$
Bei der Reaktion von je einem Mol Kohlenstoff und molekularen Sauerstoff zu einem Mol Kohlenstoffdioxid beträgt die **Reaktionswärme** −393,77 kJ. Durch das negative Vorzeichen bringt man zum Ausdruck, dass die Wärme vom Reaktionsgemisch abgegeben wird. Durch die Wärmeabgabe „verliert" der Prozess Energie. Der Energieinhalt von Kohlenstoffdioxid ist demzufolge geringer als der der Ausgangsstoffe. Oftmals führt man **exotherme** Stoffumwandlungen nur deshalb durch, weil man die Reaktionswärme benötigt. Ein typisches Beispiel dafür ist die Nutzung von Brenn- und Heizstoffen. Ein Beispiel für eine **endotherme Reaktion** (Abb. 2 b) ist die Entstehung von Stickstoffmonooxid aus Stickstoff und Sauerstoff:
$$N_2 + O_2 \rightleftharpoons 2\,NO$$

Bei diesem Vorgang wird eine Reaktionswärme von +176,26 kJ „verbraucht". Die in eine endotherme Stoffumwandlung „hineingesteckte" Wärme bewirkt die Erhöhung des Energieinhaltes des Reaktionsproduktes. Stickstoffmonoxid ist also energiereicher als die Ausgangsstoffe molekularer Stickstoff und molekularer Sauerstoff.

Reaktionswärmen sind keine Stoffkonstanten, sondern stets abhängig von den Reaktionsbedingungen. Um sie besser vergleichen zu können, bezieht man sie deshalb auf einheitliche Normbedingungen (s. S. 133).

Neben der Wärme können auch andere Energieformen an chemischen Reaktionen beteiligt sein. Dies ist z. B. der Fall, wenn man Salzsäure auf Zink einwirken lässt:

$$Zn + 2HCL \longrightarrow ZnCl_2 + H_2$$

Neben der Reaktionswärme bildet sich bei dieser Stoffumwandlung auch gasförmiger Wasserstoff, der sich ausdehnt und dabei Volumenarbeit verrichtet. Das muss bei einer vollständigen Energiebilanz berücksichtigt werden.

Das chemische Gleichgewicht

Ein chemischer Vorgang besteht immer aus zwei Teilprozessen – der gleichzeitig ablaufenden Hin- und Rückreaktion. Während sich aus den Ausgangsstoffen Reaktionsprodukte bilden, zerfällt ein gewisser Anteil an Reaktionsprodukten in die Ausgangsstoffe. Chemische Reaktion verlaufen im Allgemeinen so, dass sie nach einer gewissen Zeit einen **Gleichgewichtszustand** erreichen. Dabei kann die Zeit, die bis zum Erreichen des Gleichgewichtes vergeht, für verschiedene Reaktionen sehr unterschiedlich sein. Im Gleichgewichtszustand bilden sich pro Zeiteinheit genau so viele Reaktionsprodukte, wie umgekehrt Reaktionsprodukte zu Ausgangsstoffen zerfallen.

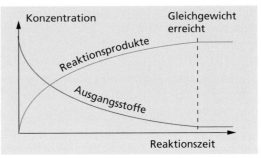

1 Nach einer gewissen Zeit stellt sich ein chemisches Gleichgewicht ein. Die Konzentrationen der beteiligten Stoffe sind dann konstant.

Im chemischen Gleichgewicht verlaufen Hin- und Rückreaktion mit gleicher Geschwindigkeit. Dadurch bleibt das Mengenverhältnis von Ausgangsstoffen und Reaktionsprodukten konstant.

Äußerlich ist die chemische Reaktion mit Erreichen des Gleichgewichtszustandes beendet. Oftmals ist die Konzentration der Ausgangsstoffe nur noch verschwindend gering. Dann liegt das Gleichgewicht sehr weit auf der Seite der Reaktionsprodukte. Mit anderen Worten: Der Anteil der Rückreaktion ist sehr klein, häufig praktisch gar nicht feststellbar. Man kennzeichnet solche Stoffumwandlungen mit einem einfachen Pfeil in Richtung der Reaktionsprodukte. Ein Beispiel dafür ist die Knallgasreaktion:

$$2H_2 + O_2 \longrightarrow 2H_2O$$

Andere Reaktionen besitzen Gleichgewichtslagen, bei denen neben den Reaktionsprodukten auch die Ausgangsstoffe in größerer Konzentration auftreten. In der chemischen Gleichung bringt man diesen Umstand durch die Verwendung eines Doppelpfeiles zum Ausdruck. Beispielsweise lautet die Gleichung für die **Wassergasreaktion** (Wassergas, ein Gemisch aus Kohlenstoffmonoxid und Wasserstoff):

$$H_2O + C \rightleftarrows H_2 + CO$$

Die Gleichgewichtslage einer chemischen Reaktion hängt von den Reaktionsbedingungen ab, z. B. von der Temperatur, dem Druck, dem Volumen oder der Menge der Ausgangsstoffe. Durch deren Veränderung kann sie – zugunsten der erwünschten Reaktionsprodukte – verschoben werden.

Reaktionsnutzarbeit und freiwilliger Ablauf chemischer Reaktionen

Im Zusammenhang mit chemischen Vorgängen spielen aus der Sicht der Chemie die Wärmebilanz und stoffliche Eigenschaften der beteiligten Reaktionspartner eine wesentliche Rolle. Allerdings sind mit der Betrachtung dieser Eigenschaften keineswegs alle Fragen ausgeschöpft, die man mit einer Stoffumwandlung verknüpfen kann.

Aus physikalischer Sicht ist bei einer Reihe von exothermen Reaktionen, z. B. bei Verbrennungsvorgängen, von großem Interesse, welchen Anteil der freigesetzten chemischen Energie man in technisch nutzbare Arbeit umwandeln kann. Man spricht in diesem Zusammenhang auch von der **Reaktionsnutzarbeit** einer Stoffumwandlung. Nicht minder wichtig ist die Klärung der Frage, ob und unter welchen Bedingungen eine chemische Reaktion überhaupt **von selbst** abläuft.

1 In einem Kohlekraftwerk ist weniger der chemische Verbrennungsvorgang, sondern mehr die Reaktionsnutzarbeit von Interesse, die in elektrische Energie umgewandelt wird.

Hat nach entsprechender Anregung die Knallgasreaktion (S. 133) erst einmal eingesetzt, dann läuft sie ohne weiteres Zutun von allein in Richtung Wasserbildung ab. Die Rückreaktion geht nicht ungezwungen vonstatten.

Offenbar besteht zwischen der frei werdenden Energie, der Reaktionsnutzarbeit und der Freiwilligkeit einer Stoffumwandlung ein enger Zusammenhang: Reaktionen, die nicht freiwillig ablaufen, stellen auch keine Energie bereit, die man in Arbeit umwandeln könnte. Umgekehrt gilt: Nur aus solchen Reaktionen, die freiwillig ablaufen, kann man eine Reaktionsnutzarbeit gewinnen.

> Man nennt Reaktionen, die freiwillig ablaufen, **exergonisch**. Aus ihnen kann man Reaktionsnutzarbeit gewinnen.
> Reaktionen, die nur dann vonstatten gehen, wenn man ihnen Energie zuführt, bezeichnet man als **endergonisch**.

Man darf die Bezeichnungen exergonisch und endergonisch nicht im gleichen Wortsinn wie exotherm und endotherm verwenden. So gibt es z. B. chemische Reaktionen, die exergonisch und endotherm sind. Solchen Stoffumwandlungen könnte man eine Reaktionsnutzarbeit entziehen, obwohl man ihnen gleichzeitig Wärme zuführen muss.

Nachfolgend werden wir durch Anwendung physikalischer Erkenntnisse genauer untersuchen, wie groß die Reaktionsnutzarbeit ist, die man aus einer chemischen Reaktion maximal gewinnen kann. Dies wird auch zu einem besseren Verständnis der Begriffe exergonische und endergonische Reaktion führen.

Wendet man physikalische Erkenntnisse auf chemische Vorgänge an, besteht ein Ziel darin, die Anwendungsbedingungen möglichst überschaubar und einfach zu gestalten, damit eine quantitative Beschreibung möglich ist.

Die Gestaltung der Reaktionsbedingungen

Um die Reaktionsbedingungen vorteilhaft zu gestalten, betrachten wir **chemische Reaktionen unter idealisierten Bedingungen**. Zu diesem Zweck soll die Umgebung, in der die Stoffumwandlung erfolgt, durch ein **Wärmebad** (s. S. 82) ersetzt werden. In diesem Wärmebad befindet sich das Reaktionsgefäß (Abb. 1). Besonders übersichtlich ist der Reaktionsvorgang, wenn er unter **konstantem Druck (isobar)** und unter **konstanter Temperatur (isotherm)** abläuft.

Einen wichtigen Schlüssel zum Verständnis chemischer Vorgänge bildet der 2. Hauptsatz der Wärmelehre (s. S. 83). Seine Anwendung wäre besonders einfach, wenn das Reaktionsgefäß ein abgeschlossenes System darstellen würde. Da chemische Reaktionen aber entweder exotherm oder endotherm verlaufen – in jedem Fall also ein Wärmeaustausch mit der Umgebung erfolgt – kann diese Bedingung nicht realisiert werden. Das Reaktionsgefäß ist kein abgeschlossenes System. Deshalb benötigt man eine Formulierung des 2. Hauptsatzes der Wärmelehre für offene Systeme.

Sofern die Möglichkeit dazu besteht, versucht man die chemischen Reaktionen so zu gestalten, dass alle Reaktionsstoffe im Reaktionsgefäß enthalten sind. Dann handelt es sich um ein geschlossenes System (s. S. 34)

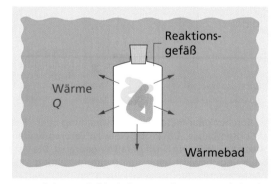

1 Reaktionsgefäß bei einer exothermen Reaktion in einem Wärmebad

Die Gleichgewichtsbedingung für offene Systeme

Ist in einer Reaktion ein Gleichgewicht eingetreten, dann hat die Entropie (s. S. 85) in diesem System ihr Maximum erreicht und kann sich nicht noch weiter vergrößern. In einem abgeschlossenen System würde diese Bedingung lauten:

$$\Delta S = 0$$

Das Reaktionsgefäß selbst (Abb. 1) ist kein abgeschlossenes System. Wenn aber das **Wärmebad** sehr groß ist und somit selbst keine Wärme von außen aufnimmt oder dorthin abgibt, dann sind **Reaktionsgefäß** und **Wärmebad zusammen** ein **abgeschlossenes Reaktionssystem**, für das sich im Gleichgewicht die **Gesamtentropie** nicht mehr ändert ($\Delta S = 0$). Daraus folgt:

Ändert sich die Entropie im Reaktionsgemisch (ΔS_{reak}), dann muss sich die Entropie des Wärmebades gleichfalls ändern (ΔS_{wb}) und zwar so, dass für das Gleichgewicht gilt:

$$\Delta S_{reak} = -\Delta S_{wb} \quad \text{oder}$$

$$\Delta S_{reak} + \Delta S_{wb} = \Delta S = 0$$

Die Enthalpie

Da eine chemische Reaktion ganz wesentlich durch die über die Systemgrenzen fließende Wärme charakterisiert wird, ist es naheliegend, diese Wärme in die weitere Analyse einzubeziehen. In der Chemie bezeichnet man die Wärme, die bei einer Stoffumwandlung auftritt, häufig als **Reaktionsenthalpie** oder auch kurz als **Enthalpie**.

> Die Enthalpie ist eine physikalische Größe, mit der sich Energiebilanzen bei chemischen Prozessen beschreiben lassen.
>
> Formelzeichen:　　　　　H
>
> Einheit:　　　　　　　1 Joule (1 J)

Bei Reaktionen, die unter konstantem Druck ablaufen, sind Enthalpie und Wärme stets gleich groß. Da wir nur vereinfachte chemische Stoffumwandlungen unter konstantem Druck untersuchen, dürfen wir für alle folgenden Anwendungen die Enthalpie im Sinne von Wärme verwenden. Die Enthalpie ist somit eine physikalische Größe mit der gleichen Einheit wie die Wärme, sie wird also in Joule (J) gemessen.

Die Enthalpieänderung ist gleich der bei konstantem Druck zu- oder abgeführten Wärme. Es gilt:

$\Delta H = Q$ (für p = konstant)

Bei exothermen Reaktionen wird Wärme abgegeben. Demzufolge ist $\Delta H \leq 0$. Für endotherme Reaktionen ist $\Delta H \geq 0$.
Reaktionsenthalpien werden mit Hilfe spezieller Kalorimeter, sogenannter **Bombenkalorimeter** (Abb. 1) gemessen.
Mit der Enthalpie existiert ein Möglichkeit, nicht nur die vom Reaktionsgefäß in das Wärmebad fließende Wärme, sondern auch die fließende Entropie zu charakterisieren, denn anstatt der Definitionsgleichung für die Entropie

$$\Delta S_{wb} = Q/T$$

kann man auch

$$\Delta S_{wb} = -\Delta H/T \text{ (für } p = \text{konst.)}$$

schreiben.
Das negative Vorzeichen ergibt sich aus folgender Überlegung: Wenn das Wärmebad Reaktionswärme aufnimmt, dann handelt es sich um einen exothermen Vorgang. Der chemischen Reaktion ging Enthalpie (Wärme) verloren (also minus ΔH), das Wärmebad hat diese Enthalpie (Wärme) aufgenommen, wodurch sich seine Entropie vergrößert hat. Die negative Reaktionsenthalpie ($\Delta H < 0$) führt mit Hilfe der obigen Gleichung nur dann zu einer Entropievergrößerung im Wärmebad ($\Delta S_{wb} > 0$), wenn sie mit der Zahl -1 multipliziert wird.

Die freie Enthalpie

Wir multiplizieren die auf S. 129 erläuterte Gleichgewichtsbedingung

$$\Delta S_{reak} + \Delta S_{wb} = 0$$

mit der Temperatur T und erhalten nach Umordnung der Terme:

$$0 = \Delta H - T \cdot \Delta S_{reak}$$

Führen wir die gleiche Berechnung ausgehend vom Nichtgleichgewicht durch, dann ist der Ausdruck

$$\Delta H - T \cdot \Delta S_{reak}$$

ungleich 0 und ergibt einen Wert, den wir mit ΔG bezeichnen wollen. Gleichgewicht und Nichtgleichgewicht lassen sich dann in folgender Gleichung zusammenfassen:

$$\Delta G = \Delta H - T \cdot \Delta S_{reak}$$

Für das Gleichgewicht ist $\Delta G = 0$, für das Nichtgleichgewicht gilt $\Delta G \neq 0$.
Die Größe **G** wird als **freie Enthalpie** bezeichnet, ΔG ist dann die **Änderung der freien Enthalpie** während einer Reaktion.

Die Änderung der freien Enthalpie ist eine physikalische Größe, die Aussagen über die bei einer chemischen Reaktion nutzbaren Arbeit ermöglicht.

Formelzeichen: ΔG

Einheit: 1 Joule (1 J)

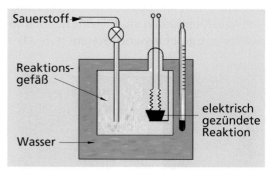

1 Bombenkalorimeter zur Bestimmung der Reaktionsenthalpie: Die Probe einer zu verbrennenden Substanz wird in ein Druckgefäß eingebracht. Die Verbrennung bewirkt eine Temperaturerhöhung des Wassermantels. Aus der gemessenen Temperaturerhöhung kann man die freigesetzte Reaktionsenthalpie berechnen.

1 J. W. GIBBS gehörte zu den ersten Wissenschaftlern, die die freie Enthalpie chemischer Reaktionen untersucht haben.

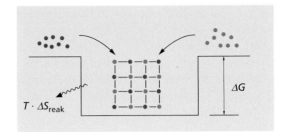

2 Stark vereinfachte Veranschaulichung einer exotermen Stoffumwandlung, bei der die Reaktionsentropie abnimmt.

Die Gleichung $\Delta G = \Delta H - T \cdot \Delta S_{reak}$ kann man als Definitionsgleichung der Änderung der freien Enthalpie ansehen. Nach dem amerikanischen Physiker JOSIAH WILLARD GIBBS (1839–1903) und dem deutschen Physiker HERMANN VON HELMHOLTZ (1821–1894), die diese Gleichung zuerst untersucht haben, wird sie auch **GIBBS-HELMHOLTZ-Gleichung** genannt.

> Die bei einem Vorgang eintretende Änderung der freien Enthalpie ΔG wird durch die GIBBS-HELMHOLTZ-Gleichung ausgedrückt:
>
> $\Delta G = \Delta H - T \cdot \Delta S_{reak}$

Die freie Enthalpie stellt ein Maß für die Triebkraft chemischer Reaktionen dar. Die physikalische Bedeutung der freien Enthalpie lässt sich leichter erkennen, wenn man ihre Definitionsgleichung nach ΔH umformt:

$$\Delta H = \Delta G + T \cdot \Delta S_{reak}$$

Diese Gleichung bedeutet in Worten: Die beim Reaktionsvorgang strömende Enthalpie ΔH (Wärme) setzt sich aus zwei Anteilen zusammen – aus der Änderung der freien Enthalpie und der Änderung der Entropie im Reaktionsgemisch.

Wir betrachten stark vereinfacht den Modellvorgang einer exothermen chemischen Reaktion, bei der auch die Reaktionsentropie bei der Stoffumwandlung abnimmt, das System also in einen geordneteren Zustand gelangt und deshalb die überschüssige Entropie an das umgebende Wärmebad abfüh-

ren muss (Abb. 2). Im Modell würde die abgegebene Wärme aus zwei Quellen stammen: Zum einen aus der Reaktionsenergie, die frei wird, und zum anderen aus der Energie, die frei wird, weil die Reaktionspartner in einen geordneteren Zustand gelangen, sich deshalb von Entropie und damit auch von Wärme „befreien" müssen.

Von der gesamten an das Wärmebad abgegebenen Enthalpie ΔH könnte nur der beim „Fall" der Teilchen (s. Abb. 2) auftretende Anteil in andere Energieformen und damit auch in Reaktionsnutzarbeit umgewandelt werden. Nur dieser Teil wäre frei nutzbar. Der von der Entropieänderung $T \cdot \Delta S_{reak}$ stammende Teil kann nicht in andere Energieformen umgewandelt werden. Er ist damit auch nicht zur Gewinnung von Arbeit verwertbar, er ist gebunden. Aus der GIBBS-HELMHOLTZ-Gleichung entnimmt man, dass der frei nutzbare Anteil der Enthalpie nichts anderes als der Term ΔG ist. Daher stammt auch der Name für G – freie Enthalpie.

Vernachlässigt man Reibungsvorgänge und weitere Energieverlusste, dann gilt:

> Die maximale Nutzarbeit einer Reaktion ist gleich der Änderung der freien Enthalpie.
>
> $W_{mech} = \Delta G$

Vergleichbar ist diese Erkenntnis mit der allerdings physikalisch völlig anderen Situation bei einer Wärmekraftmaschine (s. S. 88).

Eine periodisch arbeitende Wärmekraftmaschine kann nicht die ganze aufgenommene Wärme Q in Arbeit umwandeln, weil sonst keine Entropie mehr durch sie hindurchströmt. Analog kann nicht die ganze bei einer chemischen Reaktion frei werdende Reaktionsenthalpie in mechanische Arbeit überführt werden.

Ob man die freie Enthalpie tatsächlich in Nutzarbeit überführt, ist keine chemische, sondern eine physikalisch-technische Frage. Grundsätzlich kennzeichnet die freie Enthalpie nur denjenigen Teil der Enthalpie, der in eine beliebige andere Energieform überführbar wäre. Daraus resultiert die **Möglichkeit** zur Umwandlung in mechanische Arbeit.

Aus der GIBBS-HELMHOLTZ-Gleichung erkennt man ebenfalls, weshalb eine exergonische Reaktion nicht unbedingt auch exotherm sein muss. Neben der freien Enthalpie einer Stoffumwandlung entscheiden auch Entropieänderung und Reaktionstemperatur darüber, ob der betreffende Vorgang tatsächlich exotherm ist.

Der freiwillige Ablauf einer chemischen Reaktionen

Abgesehen vom Gleichgewichtszustand ($\Delta G = 0$) bestehen für die Änderung der freien Enthalpie einer betrachteten Stoffumwandlung die zwei Möglichkeiten $\Delta G < 0$ oder $\Delta G > 0$.

Ist $\Delta G < 0$, **dann geht dem System frei nutzbare Energie verloren**, die man in Reaktionsnutzarbeit überführen kann. Diese Reaktion läuft freiwillig ab.

Ist $\Delta G > 0$, dann kann man dem System keine frei nutzbare Energie entziehen. Nicht die betrachtete Reaktion sondern die **Gegenreaktion** läuft freiwillig ab.

Damit verfügt man über ein einfaches Hilfsmittel, um über die Freiwilligkeit einer chemischen Reaktion zu entscheiden.

> Ob und in welcher Richtung eine Reaktion freiwillig abläuft, kann mit Hilfe der Änderung der freien Enthalpie entschieden werden. Es gilt:
>
> Wenn $\Delta G < 0$, dann läuft die Reaktion freiwillig ab.
>
> Wenn $\Delta G > 0$, dann läuft die Gegenreaktion freiwillig ab.
>
> Wenn $\Delta G = 0$, dann ist der Gleichgewichtszustand erreicht.

Da freiwillig ablaufende Stoffumwandlungen exergonisch sind, kann man auch formulieren:

> Gilt für eine chemische Reaktion $\Delta G < 0$, dann ist sie exergonisch. Ist jedoch $\Delta G > 0$, dann ist die Gegenreaktion exergonisch, die Reaktion selbst jedoch endergonisch.

Im Zusammenhang mit der Freiwilligkeit einer chemischen Reaktion, hat man folgendes zu beachten: Die GIBBS-HELMHOLTZ-Gleichung ist eine Energiebilanz. Sie enthält **keine Aussagen über die Reaktionsgeschwindigkeit.** Unter Umständen kann eine Stoffumwandlung zwar prinzipiell freiwillig sein, praktisch aber unmessbar langsam erfolgen.

Außerdem ist zu beachten, dass nicht jede laut GIBBS-HELMHOLTZ-Gleichung freiwillig ablaufende Reaktion auch tatsächlich einsetzt. Ob und wie eine Stoffumwandlung erfolgt, hängt immer von den konkreten Umgebungsbedingungen ab sowie von der Prozessführung und davon, ob man sie zunächst anregen muss. Die GIBBS-HELMHOLZ-Gleichung berücksichtigt dabei nur energetische Aspekte der Reaktion.

> Mit der GIBBS-HELMHOLTZ-Gleichung versteht man den energetischen Gesichtspunkt chemischer Reaktionen, nicht aber den individuellen Ablauf des Vorganges.

Anwendungen

Die Knallgasreaktion

Die Knallgasreaktion folgt der chemischen Gleichung:

$$2H_2 + O_2 \rightleftharpoons 2H_2O$$

Es wandeln sich also Wasserstoff und Sauerstoff in Wasser um.

Zeigen Sie mit Hilfe der GIBBS-HELMHOLTZ-Gleichung, dass diese Reaktion bei 1500 K exergonisch verläuft!

Analyse:
Für eine exergonische Reaktion gilt $\Delta G < 0$. Kennt man die Bildungsenthalpie ΔH und die Entropieänderung ΔS_{reak} bei der Stoffumwandlung, kann man die Änderung der freien Enthalpie aus der GIBBS-HELMHOLTZ-Gleichung berechnen.

In speziellen Tafelwerken sind für verschiedene chemische Reaktionen **Standardenthalpien** aufgelistet. Aus solchen Tafelwerken kann man gleichfalls die auf die Stoffmenge 1 mol bezogene **Standardentropie** S eines Stoffes entnehmen. Die Standardenthalpien und Standardentropien sind auf **Normbedingungen**, also auf eine bestimmte Temperatur und einen bestimmten Druck bezogen. Meist wählt man $T = 25\ °C$ (= 298 K) und $p = 101{,}3$ kPa (Normdruck). Weichen Druck und Temperatur von diesen Werten ab, müssen Korrekturen an den Enthalpien und Entropien vorgenommen werden.

Gesucht: ΔG

Gegeben: Bei $T = 1500$ K gilt für die Knallgasreaktion bei einer Stoffbeteiligung von 2 mol Wasserstoff, 1 mol Sauerstoff und 2 mol Wasser: $\Delta H = -508\ 545$ J (exotherme Reaktion)
$\Delta S_{reak} = -119{,}52$ J/K

Lösung:
$\Delta G = \Delta H - T \cdot \Delta S_{reak}$
$\Delta G = -508\ 545$ J $- 1500$ K $\cdot (-119{,}52$ J/K$)$
$\Delta G = -329\ 265$ J < 0

Ergebnis:
Die Knallgasreaktion ist bei einer Temperatur von 1 500 °C und Normdruck ein exergonischer Vorgang.

1 Der freiwillige Ablauf der Knallgasexplosion ist wesentlich für ihre technische Anwendung beim Schweißen oder Schneiden.

Die Wasserstoffherstellung

In großtechnischem Umfang wird Wasserstoff durch zwei hintereinandergeschaltete Reaktionen (A) und (B) gewonnen. Dabei leitet man zunächst Wasserdampf über glühenden Koks und gewinnt Wassergas:

$$H_2O + C \rightleftharpoons CO + H_2 \quad (A)$$

Das Kohlenstoffmonoxid wird anschließend durch folgende Reaktion entfernt:

$$H_2O + CO \rightleftharpoons H_2 + CO_2 \quad (B)$$

Beide Stoffumwandlungen zusammen sind unter dem Namen **Wassergasreaktion** bekannt. Die erste Teilreaktion ist endotherm, die zweite exotherm. Wir untersuchen nachfolgend die chemische Gleichung (B) genauer. Ist je ein Mol der Gase bei $T = 500\ °C$ vorhanden, dann gilt: $\Delta G = -11\ 680$ J.

133

Die chemische Reaktion läuft also freiwillig von „links nach rechts" ab. Bei 500 °C beträgt die Reaktionsenthalpie für diese Reaktion $\Delta H = -38\,330$ J. Die chemische Gleichung (B) beschreibt somit bei 500 °C einen exergonischen exothermen Prozess.

Nimmt bei der Reaktion die Entropie im Reaktionsgemisch zu oder ab? Kann man diese Reaktion durch Temperaturänderung so beeinflussen, dass sie nicht mehr freiwillig, sondern stattdessen die Rückreaktion freiwillig abläuft?

Analyse:
Mit Hilfe der GIBBS-HELMHOLTZ-Gleichung lässt sich die Entropie aus Bildungsenthalpie und freier Enthalpie berechnen.

Gesucht: ΔS_{reak}
Gegeben: $\Delta G = -11\,680$ J
$\qquad\qquad \Delta H = -38\,330$ J
$\qquad\qquad T = 500\,°C = 773$ K

Lösung:
$\Delta G = \Delta H - T \cdot \Delta S_{reak}$
Durch Umformung nach ΔS_{reak} erhält man:

$$\Delta S_{reak} = -\frac{\Delta G - \Delta H}{T}$$

$$\Delta S_{reak} = -\frac{-11\,680\,\text{J} - (-38\,330\,\text{J})}{773\,\text{K}}$$

$$\underline{\Delta S_{reak} = -34,5\,\text{J/K}}$$

Ergebnis:
Die Entropie im Reaktionsgemisch nimmt ab. Obgleich die Reaktionsenthalpie und die Reaktionsentropie temperaturabhängige Größen sind, ändern sie sich für das vorliegende Beispiel innerhalb kleinerer Temperaturintervalle nur geringfügig und können deshalb als näherungsweise konstant angesehen werden. Unter dieser Voraussetzung berechnen wir die freie Enthalpie der Reaktion (B) bei einer Temperatur von 838 °C (=1111 K). Es gilt:
$\Delta G = \Delta H - T \cdot \Delta S_{reak}$
$\Delta G = -38\,330\,\text{J} - 1\,111\,\text{K} \cdot (-34,5\,\text{J/K})$
$\Delta G = 0,5\,\text{J} \approx 0\,\text{J}$

Dies bedeutet: Bei einer Temperatur von etwa 840 °C hat die betrachtete chemische Reaktion annähernd ihr Gleichgewicht erreicht. Würde man die Temperatur nun noch weiter erhöhen, dann würde ΔG positiv werden. Die Stoffumwandlung (B) würde nicht mehr freiwillig von „links nach rechts" sondern vielmehr von „rechts nach links" ablaufen.

Aus dieser Einsicht resultiert eine wichtige technische Anwendung für die GIBBS-HELMHOLTZ-Gleichung. Mit ihrer Hilfe kann man unter anderem die Temperatur einer chemischen Reaktion ermitteln, so dass die Stoffumwandlung möglichst optimal in der gewünschten Richtung abläuft.

Man beachte aber dabei, dass die GIBBS-HELMHOLTZ-Gleichung **keine Aussage über die Reaktionsgeschwindigkeit** ermöglicht.

Fotosynthese und Atmung

Das Leben zeichnet sich durch eine Reihe von Eigenschaften aus, z. B. den Auf- und Abbau von Nährstoffen, die Erhaltung und Vergrößerung von Strukturen (Wachstum), eine gewisse Anpassungsfähigkeit an Umweltbedingungen und die Reaktion auf äußere Reize. Viele dieser Eigenschaften des Lebens beruhen auf endergonischen (energieaufwendigen) Prozessen. Offenbar spielt für alle Lebensvorgänge auf der Erde das Wechselspiel von Fotosynthese (Abb 1) und Atmung eine wesentliche Rolle.

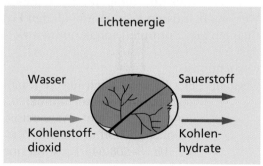

1   Bildung organischer Stoffe durch die Fotosynthese in einer Pflanzenzelle

Wie gehen Fotosynthese und Atmung vonstatten? Durch welche Mechanismen können die verschiedensten endergonischen Lebensprozesse in den Organismen angetrieben werden?

Stark vereinfacht kann man Fotosynthese und Atmung als chemische Prozesse ansehen, die unter Beteiligung von organischen Stoffen vonstatten gehen. Fotosynthese und Atmung sind dabei einander entgegengesetzt. Die Fotosynthese ist ein endergonischer endothermer Vorgang, die Atmung als Umkehrung erfolgt hingegen exergonisch und exotherm. Unter den organischen Stoffen spielt das Kohlenhydrat Glucose $C_6H_{12}O_6$ eine herausragende Rolle, so dass man ohne Berücksichtigung der Einzelreaktionen folgende Reaktionsgleichung angeben kann:

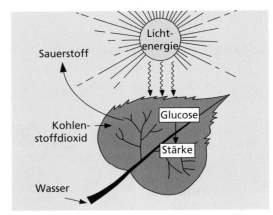

1 Fotosynthese bei Pflanzen erfolgt nur unter dem Einfluss von Licht (Sonnenstrahlung): Aus Kohlenstoffdioxid und Wasser werden der organische Stoff Glucose und Sauerstoff gebildet. Strahlungsenergie wird in chemische Energie der Glucose umgewandelt.

$$C_6H_{12}O_6 + 6H_2O + 6\,O_2 \underset{\text{Fotosynthese}}{\overset{\text{Atmung}}{\rightleftharpoons}} 6CO_2 + 12H_2O$$

Bei der vollständigen Verbrennung von Glukose wird pro mol eine Reaktionsenthalpie von 2870 kJ frei. Wie ein Vergleich mit den Brennwerten von Kohle oder den Enthalpien anderer chemischer Reaktionen ergibt, ist diese Reaktionsenthalpie sehr groß. Eine Körperzelle, welche schlagartig die in ihr gespeicherte Glukose durch Atmung umsetzen würde, müsste regelrecht verbrennen. Die in Organismen ablaufende natürliche Atmung erfolgt offensichtlich wesentlich schonender über verschiedene Zwischenstufen. Gleiches gilt, nur im umgekehrten Sinn, auch für die Fotosynthese. Auch sie verläuft über verschiedene Zwischenstufen. Als endergonischer Prozess benötigt die Fotosynthese Energie. Dieser Bedarf wird durch das Sonnenlicht gedeckt. Letztendlich werden durch die Fotonen des Sonnenlichtes über die Fotosynthese alle Lebensvorgänge auf der Erde aufrecht erhalten. Organische Zellen müssen in der Lage sein, relativ schnell Energie freizusetzen. Außerdem ist eine effektive Speicherung von Energie im Zellsystem erforderlich, denn nicht immer wird die Energie gerade dann gebraucht, wenn die Zelle Glucose aufgenommen hat. Eine wichtige Energiespeichersubstanz der Zellen ist das **Adenosintriphosphat (ATP)**, eine chemische Verbindung die auch in den Zwischenschritten der Fotosynthese- und Atmungsreaktionen auftritt.

Bei der sogenannten hydrolytischen Abspaltung werden Phosphatgruppen aus dem ATP entfernt. Dabei fällt eine große Menge freier Enthalpie an. Ein Beispiel für eine solche Reaktion ist:

$$ATP^{4-} + H_2O \longrightarrow ADP^{3-} + HPO_4^{2-} + H^+$$

Die freie Enthalpie dieser Reaktion beträgt pro Mol $\Delta G = -30$ kJ. Dieser freien Enthalpie entspricht eine nutzbare Arbeit, die Zelle kann mit ihr andere Vorgänge „antreiben" und ihr Leben dadurch aufrechterhalten.

Das Adenosintriphosphat ist der zentrale Energiespeicher und Energieüberträger in den Zellen. Die in dieser chemischen Verbindung gespeicherte Energie kann für praktisch alle Vorgänge (Wachstum, Bewegung) eingesetzt werden.

Aufgaben

1. Die folgenden Abbildungen zeigen verschiedene Vorgänge. Begründen Sie, ob es sich um chemische Reaktionen handelt oder nicht!

2. Erläutern Sie am Beispiel der Verbrennung von Magnesium (s. Abb.) die energetischen Aspekte einer chemischen Reaktion!

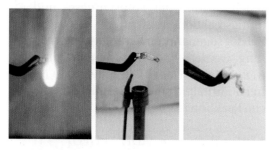

3. Nennen und erläutern Sie Beispiele für
   a) exotherme chemische Reaktionen,
   b) endotherme chemische Reaktionen!

4. Erläutern Sie anhand von Beispielen die Begriffe exergonische und endergonische chemische Reaktion!

5. Begründen Sie, weshalb die Reaktionsenthalpie allein nicht ausreicht, um zu entscheiden, ob eine chemische Reaktion exergonisch oder endergonisch ist!

6. In einem Komposthaufen (s. Abb.) laufen chemische Reaktionen ab. Begründen Sie diese Aussage!

7. Stellen Sie rechnerisch fest, in welcher Richtung die Reaktion $N_2O_4 \rightleftarrows 2NO_2$ bei 25 °C und Normdruck freiwillig abläuft! Es gilt für diese Reaktion: $\Delta H = 54,43$ J, $\Delta S = 176,86$ J/K.

8. Formulieren Sie mit Hilfe der GIBBS-HELMHOLTZ-Gleichung eine Bedingung für Reaktionsentropie und Reaktionsenthalpie, bei deren Erfüllung eine exergonische Reaktion endotherm verläuft!

9. a) Berechnen Sie, welche Energie ein Mol Lichtquanten bei der Wellenlänge von 700 nm besitzt!
   b) Erläutern Sie, wozu die Energie der Lichtquanten während der Fotosynthese verwendet wird!

10. Unter welchen Bedingungen für Reaktionsentropie und Reaktionsenthalpie ist eine betrachtete Stoffumwandlung endergonisch? Nennen Sie diese Bedingungen und begründen Sie Ihre Aussagen!

11. Wäre es denkbar, dass eine freiwillig ablaufende Reaktion durch Veränderung der Temperatur zu einer nicht mehr freiwillig ablaufenden Reaktion wird? Erläutern Sie Ihre Auffassung zu dieser Frage und gehen Sie dabei auch auf mögliche technische Anwendungen ein!

12. Kann man mit Hilfe der GIBBS-HELM-HOLTZ-Gleichung vorhersagen, ob eine bestimmte Stoffumwandlung sehr schnell oder sehr langsam vonstatten geht? Begründen Sie Ihre Aussage!

13. Ein Problem der chemischen Industrie stellt die möglichst ungefährliche Lagerung von Reaktionsgemischen dar (s. Abb.). Warum strebt man an, Reaktionsgemische so aufzubewahren, dass ihre freie Enthalpie positiv ist?

14. Bei einer exothermen exergonischen Reaktion beträgt die freie Enthalpie –30 kJ, die Enthalpie –115 kJ.
Welcher prozentuale Anteil des gesamten Energieumsatzes der Reaktion kann im günstigsten Fall in nutzbare Arbeit überführt werden?

15. Zeigen Sie, dass die Knallgasreaktion entsprechend der chemischen Gleichung auf S. 133 bei der Temperatur von 298 K eine negative freie Enthalpie besitzt! Bezogen auf Normbedingungen gilt: $\Delta H = -570\,000$ J, $\Delta S = -327$ J/K).

16. Die Ammoniaksynthese beruht auf folgender Gleichgewichtsreaktion:
$$N_2 + 3H_2 \rightleftharpoons 2NH_3 \qquad \Delta H = -92{,}2 \text{ kJ}$$
a) Berechnen Sie die freie Enthalpie bei einer Temperatur von 298 K (Normtemperatur), wenn die Entropieänderung der betrachteten Reaktion –199 J/K beträgt!

b) Wie würde sich die freie Enthalpie der Ammoniaksynthese verändern, wenn man die Temperatur erhöhen würde? Begründen Sie Ihre Aussage mit Hilfe der GIBBS-HELMHOLTZ-Gleichung!

c) Informieren Sie sich anhand von Lehrbüchern, Nachschlagewerken oder dem Internet darüber, bei welchen Temperaturen in Industrieanlagen (s. Abb.) die technische Ammoniaksynthese tatsächlich erfolgt!

d) Aus der GIBBS-HELMHOLTZ-Gleichung entnimmt man, dass die freie Enthalpie der Ammoniaksynthese bei fallenden Temperaturen immer größere negative Werte annimmt. Aus physikalischer Sicht würde das bedeuten, dass die Reaktionsnutzarbeit bei tiefen Temperaturen besonders groß ist, dass die Reaktion gerade dann in hohem Maße freiwillig abläuft. Man ist deshalb bestrebt, die Ammoniaksynthese bei tiefen Temperaturen durchzuführen.
Erläutern Sie den Sachverhalt, der diesem Bestreben entgegensteht! Diskutieren Sie in diesem Zusammenhang die Anwendungsgrenzen der GIBBS-HELMHOLTZ-Gleichung im Hinblick auf die Vorhersage der Reaktionsgeschwindigkeit!

Das Wichtigste im Überblick

Chemische Reaktionen sind Vorgänge, bei denen sich **Ausgangsstoffe** in **Reaktionsprodukte** umwandeln. Sie sind immer mit Energieumwandlungen verknüpft.

Ausgangsstoffe mit für sie charakteristischen Eigenschaften	→ von selbst oder erzwungen →	**Reaktionsprodukt(e)** mit für sie charakteristischen Eigenschaften

Chemische Reaktionen können **exotherm** oder **endotherm** verlaufen.

Exotherm	**Endotherm**
verlaufen chemische Reaktionen, wenn bei der Stoffumwandlung Wärme Q abgegeben wird.	verlaufen chemische Reaktionen, wenn bei der Stoffumwandlung Wärme Q aufgenommen wird.

Chemische Reaktionen können **exergonisch** oder **endergonisch** verlaufen.

Exergonische Reaktionen	**Endergonische Reaktionen**
laufen von selbst ab.	laufen nur erzwungen ab.
Es wird Energie abgegeben, die in Reaktionsnutzbarbeit umgewandelt werden kann.	Es wird Energie aufgenommen. Reaktionsnutzbarbeit ist nicht möglich.
Die Änderung der freien Enthalpie ist negativ:	Die Änderung der freien Enthalpie ist positiv:
$\Delta G < 0$	$\Delta G > 0$

Die bei einem Vorgang eintretende Änderung der freien Enthalpie wird durch die GIBBS-HELMHOLTZ-Gleichung ausgedrückt:

$$\Delta G = \Delta H - T \cdot \Delta S_{reak}$$

Wenn $\Delta G < 0$, dann läuft die Reaktion von selbst ab.

Wenn $\Delta G > 0$, dann läuft die Gegenreaktion von selbst ab, die Reaktion aber nur erzwungen.

Wenn $\Delta G = 0$, dann ist der Gleichgewichtszustand erreicht.

Die maximale Nutzarbeit einer chemischen Reaktion ist gleich der Änderung der freien Enthalpie.

$$W_{mech} = \Delta G$$

Hinweise zu Fehlerbetrachtungen

Fehler bei physikalischen Messungen

Jede Messung einer physikalischen Größe ist aus den verschiedensten Gründen mit Fehlern behaftet. Der **Messwert** x_i einer physikalischen Größe weicht also vom tatsächlichen Wert der Größe, dem **wahren Wert** x, mehr oder weniger stark ab.

Um möglichst genaue Messungen durchführen zu können bzw. um die Genauigkeit bereits durchgeführter Messungen einschätzen zu können, muss man die Ursachen für Messfehler, die Größen solcher Fehler und ihre Auswirkungen auf die Genauigkeit des Ergebnisses kennen. Darüber hinaus muss man wissen, wie man in der Formulierung des Ergebnisses die Genauigkeit kenntlich macht.

> Jede Messung ist mit Fehlern behaftet. Die Messwerte x_i weichen vom wahren Wert x der betreffenden Größe ab.

Ursachen für Messfehler

Messfehler können ihre Ursachen haben
– in der Experimentieranordnung,
– in den Messgeräten bzw. Messmitteln,
– beim Experimentator,
– in der Umgebung, in der das Experiment (die Messung) durchgeführt wird.

Es spielen also sowohl objektive und vom Experimentator nicht zu beeinflussende als auch subjektive und beeinflussbare Faktoren eine Rolle.

In der Übersicht S. 140 sind einige Beispiele für Fehlerursachen genannt.

Aus der Übersicht S. 140 ist ersichtlich, dass es bei jedem Experiment zahlreiche Fehlerursachen und damit auch viele mögliche Fehler gibt. Eine genauere Analyse zeigt, dass man alle diese Fehler zu wenigen Fehlerarten zusammenfassen kann.

Arten von Messfehlern

Je nach ihrem Charakter unterscheidet man zwischen groben, systematischen und zufälligen Fehlern.

Grobe Fehler sind Fehler, die aufgrund eines falschen Aufbaus, ungeeigneter Messgeräte, falschen Ablesens, defekter Messgeräte oder Unachtsamkeit auftreten. Bei sorgfältiger und planmäßiger Arbeit sind grobe Fehler grundsätzlich vermeidbar. Sie werden deshalb bei Fehlerbetrachtungen nicht berücksichtigt. Tritt ein grober Fehler auf, so sind die entsprechenden Werte zu streichen und die Messungen zu wiederholen.

Systematische Fehler sind Fehler, die vor allem durch die Experimentieranordnung oder durch die Messgeräte verursacht werden, aber auch vom Experimentator selbst hervorgerufen werden können. Sie treten, wie schon der Name sagt, nicht zufällig auf, sondern sind durch die Art und Weise der Messungen bestimmt und wirken sich auch meist in gleicher Weise aus, wenn die Messungen mehrmals durchgeführt werden. Systematische Fehler können teilweise erfasst und korrigiert werden. So können z.B. die Fehler, die durch Wärmeverluste bei der Mischung zweier Flüssigkeiten verschiedener Temperatur auftreten, gering gehalten werden, wenn man die Wärme mit berücksichtigt, die vom Gefäß aufgenommen oder abgegeben wird (Wärmekapazität des Kalorimeters).

Fehlerursache	Beispiele
Experimentieranordnung	– unzureichende Isolierung bei kalorimetrischen Messungen und damit unkontrollierter Wärmeaustausch mit der Umgebung – Verwendung einer stromrichtigen statt einer spannungsrichtigen Schaltung oder umgekehrt bei der Messung von Spannung und Stromstärke – Vernachlässigung der Widerstände von Zuleitungen bei elektrischen Schaltungen – unzureichende Kompensation der Reibung bei der Untersuchung von Bewegungsabläufen in der Mechanik – Verzögerungen beim Auslösen von Abläufen, die durch die Experimentieranordnung bedingt sind
Messgeräte, Messmittel	– Jedes Messgerät, z.B. Lineal, Thermometer, Spannungsmesser, hat nur eine bestimmte Genauigkeitsklasse bzw. hat eine bestimmte zulässige Fertigungstoleranz. – Messmittel wie Wägestücke, Hakenkörper, Widerstände haben ebenfalls Fertigungstoleranzen.
Experimentator	– Ablesefehler bei Messgeräten – Auslösefehler bei Zeitmessungen – Fehler durch eine nicht exakte Handhabung von Messgeräten (z.B. ungenaues Anlegen eines Lineals) – Fehler durch Verwendung unzweckmäßiger Messgeräte (z.B. kleine Wassermenge in großem Messzylinder, Thermometer mit 1°-Teilung bei der Messung kleiner Temperaturunterschiede) – Fehler durch Ablesen an falschen Bezugspunkten (z.B. wird statt des Schwerpunktes eines Körpers seine Unter- oder Oberkante als Bezugspunkt für Entfernungsmessungen gewählt)
Umgebung	– Nichtbeachtung der Temperatur oder von Temperaturschwankungen – Nichtbeachtung des Druckes oder von Druckschwankungen – Schwankungen der Netzspannung – Erschütterungen

Messgerät	maximaler systematischer Fehler
Thermometer 1°-Teilung $^1/_{10}$°-Teilung	± 1 K ± 0,1 K
Lineal, Winkelmesser, Messuhren, Uhren, Präzisionswaagen	± 1 % (meist vernachlässigbar)
Brennweite von Linsen, Gitterkonstante eines optischen Gitters	± 1 % (meist vernachlässigbar)
Federkraftmesser	meist Genauigkeitsklasse 2,0
Spannungsmesser Stromstärkemesser Widerstandsmesser	aufgedruckte Genauigkeitsklasse (sie bezieht sich immer auf den jeweiligen Messbereichsendwert)

Systematische Fehler kommen auch durch die Ungenauigkeit der Messgeräte zustande. Diese Fehler werden über die Genauigkeitsklasse oder die Toleranz der betreffenden Geräte erfasst. Diese sind zumeist in den Betriebsanleitungen angegeben.

So bedeutet z. B. bei einem Spannungsmesser die Genauigkeitsklasse 2,5 bei einem Messbereich von 10 V: Der maximale systematische Fehler beträgt bei allen Messungen in diesem Messbereich 2,5 % vom Messbereichsendwert, also 2,5 % von 10 V und damit ± 0,25 V. Entsprechend lassen sich auch für andere Messgeräte die maximalen systematischen Fehler angeben (s. Übersicht oben).

Zufällige Fehler sind Fehler, die vor allem durch den Experimentator und durch Umwelteinflüsse zustande kommen. Dazu gehören z. B. Ablesefehler bei Messgeräten, Ablesefehler bei Zeitmes-

Art des zufälligen Fehlers	Größe des zufälligen Fehlers
Ungenaues Ablesen bei Messgeräten mit analoger Anzeige (Skalen)	Hälfte des kleinsten Skalenwertes (z. B. bei einem Lineal mit mm-Teilung: ± 0,5 mm, bei einem Thermometer mit $^1/_2$°-Teilung: ± 0,25 K)
Ungenauigkeit bei Messgeräten mit digitaler Anzeige (Ziffern)	Abweichung um 1 von der letzten Ziffer (z. B. bei einem elektronischen Thermometer mit der Anzeige 22,8 °C ± 0,1 K)
Auslösefehler bei handgestoppten Zeitmessungen	± 0,25 s (Mittelwert)

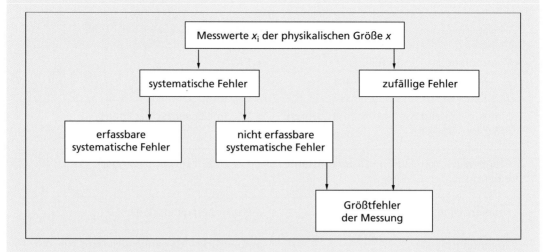

sungen, ungenaues Einstellen der Schärfe eines Bildes in der Optik u. Ä. Solche zufälligen Fehler lassen sich teilweise abschätzen, aber nie vollständig erfassen. Für einige zufällige Fehler sind in der Übersicht S. 160 Werte angegeben. Zufällige Fehler haben statistischen Charakter. Bei mehrfacher Messung streuen sie um einen Mittelwert.

Bei Messungen können sowohl systematische als auch zufällige Fehler auftreten. Die Summe aller Fehler ergibt den Größtfehler. Die Zusammenhänge sind in der Übersicht oben dargestellt.

Berechnung zufälliger Fehler

Beim Auftreten von zufälligen Fehlern ist es aufgrund ihres statistischen Charakters sinnvoll, eine Größe unter sonst gleichen Bedingungen mehrfach zu messen. Sind $x_1, x_2, \ldots x_n$ die einzelnen Messwerte für eine Größe, so ergibt sich der Mittelwert x als arithmetisches Mittel:

$$\bar{x} = \frac{\sum\limits_{i\,=\,1}^{n} x_i}{n}$$

Als Maß für die Streuung der Messwerte eignet sich der mittlere Fehler Δx des arithmetischen Mittels, der folgendermaßen berechnet werden kann:

$$\Delta x = \pm \sqrt{\frac{1}{n-1} \cdot \sum\limits_{i\,=\,1}^{n} (x_i - \bar{x})^2}$$

Eine Berechnung in dieser Weise ist nur sinnvoll, wenn die Anzahl n der Messungen einer Größe $n \geq 10$ beträgt. Bei nur wenigen Messwerten kann man als mittleren Fehler ansetzen:

$$\Delta x = \pm \frac{x_{max} - x_{min}}{n}$$

Hinweis:
Bei Vorliegen einer sehr großen Anzahl von Messwerten ergibt sich für die Häufigkeitsverteilung der Messwerte eine Normalverteilung nach Gauss (gaußsche Glockenkurve, s. Abb. 1, S. 143). Es liegen dann 68,3 % der Messwerte im Bereich $\bar{x} \pm \Delta x$ und 95,4 % im Bereich $\bar{x} \pm 2\Delta x$.

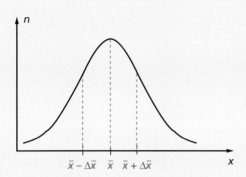

1 Normalverteilung nach GAUSS (gaußsche Glockenkurve)

Abschätzung des Größtfehlers

Der Fehler beim Messen einer physikalischen Größe ergibt sich aus den zufälligen und den nicht erfassbaren systematischen Fehlern. Bei einer direkt messbaren Größe erhält man als Größtfehler:

$$\Delta x = \pm(|\Delta x_{zuf}| + |\Delta x_{sys}|)$$

Liegt für die Größe eine Messreihe vor, so wird als zufälliger Fehler Δx_{zuf} der mittlere Fehler des arithmetischen Mittels $\overline{\Delta x}$ eingesetzt.

Darstellung von Ergebnissen

Kennt man den Messwert x und Messfehler $\overline{\Delta x}$ einer Größe, so kann man den Fehler als absoluten Fehler, als relativen Fehler oder als prozentualen Fehler angeben.

Der **absolute Fehler** Δx ist ein Maß für die Abweichung der Messwerte vom wahren Wert.

Der **relative Fehler** $\Delta x/x$ verdeutlicht die Abweichung in Bezug auf den Messwert und ist Ausdruck für die Güte einer Messung.

Der **prozentuale Fehler** $(\Delta x/x)$ % ist der in Prozent angegebene relative Fehler.

Die Zusammenhänge sind in der Übersicht unten auch am Beispiel verdeutlicht.

Die Angabe des Messergebnisses x_E erfolgt in folgender Form:

$$x_E = x \pm \Delta x$$

Für das in der Übersicht unten dargestellte Beispiel würde das Ergebnis lauten:

$t = 7{,}6\,s \pm 0{,}2\,s$ oder $t = (7{,}6 \pm 0{,}2)\,s$

Fehlerfortpflanzung

Wenn z. B. der elektrische Widerstand eines Bauelements bestimmt werden soll, kann man Stromstärke und Spannung messen und den Widerstand nach der Gleichung $R = U/I$ berechnen. U und I sind fehlerbehaftet. Ähnlich ist das bei der Bestimmung der Geschwindigkeit durch Weg- und Zeitmessungen oder bei

Messwerte und Fehler	Beispiel
Messwert x	Zeit $t = 7{,}6\,s$
absoluter Fehler Δx	$\Delta t = \pm 0{,}2\,s$
relativer Fehler $\Delta x/x$	$\dfrac{\Delta t}{t} = \dfrac{\pm 0{,}2\,s}{7{,}6\,s} = \pm 0{,}026$
prozentualer Fehler $\Delta x/x = (\Delta x/x) \cdot 100\,\%$	$\Delta t/t = (\pm 0{,}026) \cdot 100\,\% = \pm 2{,}6\,\%$

Verknüpfung der Größen		Fehler
Summe Differenz	$z = x + y$ $z = x - y$	$\Delta z = \Delta x + \Delta y$
Produkt Quotient	$z = x \cdot y$ $z = x/y$	$\dfrac{\Delta z}{z} = \dfrac{\Delta x}{x} + \dfrac{\Delta y}{y}$
Potenz	$z = x^k$	$\dfrac{\Delta z}{z} = k \cdot \dfrac{\Delta x}{x}$

der Addition von fehlerbehafteten Geschwindigkeiten oder Kräften.

Die Fehler bei den einzelnen gemessenen Größen führen zu Fehlern bei den berechneten Größen. Wie sich die Fehler von gemessenen Größen auf den Fehler einer daraus berechneten Größe auswirken, zeigt die Übersicht oben.

Beispiel:

Die Geschwindigkeit wird durch Messung von Weg und Zeit ermittelt.
Dabei erhält man folgende Werte:

$$s = 20\,\text{m} \qquad \Delta s = \pm\,0,5\,\text{m}$$
$$t = 1,6\,\text{s} \qquad \Delta t = \pm\,0,2\,\text{s}$$

Damit erhält man als Geschwindigkeit:

$$v = \frac{s}{t}$$

$$v = \frac{20\,\text{m}}{1,6\,\text{s}}$$

$$v = 12,5\,\text{m/s} = 45\,\text{km/h}$$

Als Fehler ergibt sich bei einem Quotienten:

$$\frac{\Delta v}{v} = \frac{\Delta s}{s} + \frac{\Delta t}{t}$$

$$\frac{\Delta v}{v} = \frac{\pm\,0,5\,\text{m}}{20\,\text{m}} + \frac{\pm\,0,2\,\text{s}}{1,6\,\text{s}}$$

$$\frac{\Delta v}{v} = \pm\,0,15 = 15\,\%$$

Mit $v = 45\,\text{km/h}$ ist dann:

$$\Delta v = \pm\,6,75\,\text{km/h} \approx 7\,\text{km/h}$$

Das Ergebnis lautet somit: Die Geschwindigkeit beträgt

$$v = (45 \pm 7)\,\text{km/h}.$$

Sie hat also einen Fehler von 15 %. Bei den Ergebnissen ist eine sinnvolle Rundung vorzunehmen. Fehler werden **immer aufgerundet.**

Messfehler und grafische Darstellungen

Eine wichtige Aufgabe der Physik ist es, Zusammenhänge zwischen zwei Größen zu ermitteln, wobei diese beiden Größen gemessen werden und demzufolge fehlerbehaftet sind.

Als Beispiel betrachten wir eine Weg- und Zeitmessung bei einer Bewegung, die als gleichförmig angesehen werden kann. Ermittelt wurden die auf S. 145 oben dargestellten Messwerte.

Abb. 1, S. 145 zeigt die entsprechende grafische Darstellung der Messwerte in einem s-t-Diagramm.

t in s	s in m
0	30
2	40
4	60
6	68
8	76
10	97

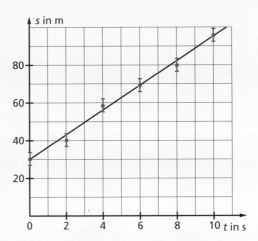

2 Die Ausgleichskurve verläuft durch die Fehlerbalken hindurch.

Dem physikalischen Sachverhalt nicht angemessen wäre es, die Punkte miteinander zu verbinden. Da alle Messwerte fehlerbehaftet sind, zeichnet man eine Ausgleichskurve (Abb. 1).

Die Frage ist nun vor allem, ob man genauer bestimmen kann, wie diese Ausgleichskurve verläuft. Wir nehmen dazu an, dass der Fehler der Zeitmessung gegenüber dem Fehler der Wegmessung vernachlässigt werden kann.

Eine erste Möglichkeit der genaueren Bestimmung des Verlaufs der Ausgleichs-

kurve wäre, für jeden Messpunkt den Größtfehler des Weges in Form eines Fehlerbalkens zu markieren (Abb. 2). Die Ausgleichskurve verläuft dann durch die Fehlerbalken hindurch. Im Beispiel haben wir für den Weg einen Fehler von $\Delta s = \pm 2{,}5$ m angenommen.

Die Funktionskurve der Ausgleichskurve lässt sich auch berechnen. Nehmen wir an, dass für sie die Gleichung

$$y = ax + b$$

gilt, dann kann man a bzw. b folgendermaßen berechnen:

$$a = \frac{\left(\sum_{i=1}^{n} x_i \cdot y_i\right) - n \cdot \bar{x} \cdot \bar{y}}{\left(\sum_{i=1}^{n} x_i^2\right) - n \cdot \bar{x}^2}$$

$$b = \bar{y} - a \cdot \bar{x}$$

Die Berechnung ergibt:

$$a = 6{,}5$$
$$b = 29{,}3$$

Die Gleichung für die Ausgleichsgerade lautet somit:

$$y = 6{,}5 \cdot x + 29{,}3$$

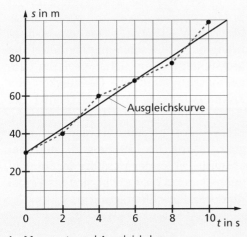

1 Messwerte und Ausgleichskurve

Liegt ein nichtlinearer Sachverhalt vor und besteht eine Vermutung über die Art der Abhängigkeit, so kann man einen nichtlinearen Zusammenhang durch geschickte Wahl der Achsengrößen auf einen linearen Zusammenhang zurückführen.

Fehlerbetrachtung vor und nach Messungen

Fehlerbetrachtungen haben sowohl vor der Durchführung von Messungen als auch in Auswertung von Messungen ihre Bedeutung.

Besteht das Ziel der Messungen darin, eine physikalische Größe möglichst genau zu messen, so muss man **vor der Messung** u. a. folgende Fragen beantworten:
- Welches Messverfahren wähle ich?
- Wodurch können Messfehler verursacht werden?
- Gibt es Möglichkeiten, Fehler zu korrigieren, zu kompensieren oder zu minimieren?
- Welche Größen müssen besonders genau gemessen werden, weil ihr Fehler den Fehler des Gesamtergebnisses besonders stark beeinflusst?
- Ist es sinnvoll, eine Probemessung oder eine Kontrollmessung durchzuführen?
- Reicht eine einmalige Messung oder ist es zweckmäßig, die Messungen so oft zu wiederholen, dass eine statistische Auswertung (Fehlerrechnung) gemacht werden kann?

Beachten Sie:

Die Genauigkeit von Messungen kann zumeist nur vor oder während der Messung beeinflusst werden. Deshalb sollte man Fehlerbetrachtungen schon vor Beginn der Messungen durchführen.

Nach der Durchführung der Messungen kann man in der Regel nur noch abschätzen, wie genau man gemessen hat, also folgende Fragen beantworten:
- Welche zufälligen und systematischen Fehler sind tatsächlich aufgetreten?
- Wie groß sind die einzelnen Fehler und die Größtfehler bei den einzelnen gemessenen Größen?
- Wie beeinflussen diese Fehler das Messergebnis? Wie groß ist der Fehler der zu bestimmenden Größe?

Beispiel: Die Fallbeschleunigung

Als Beispiel betrachten wir ein Experiment zur Bestimmung der Fallbeschleunigung g. Diese Naturkonstante kann man z.B. mit Hilfe eines Fadenpendels unter Nutzung der Gleichung

$$T = 2\pi \sqrt{\frac{l}{g}}$$

bestimmen, indem man für ein Fadenpendel der Länge l die Schwingungsdauer T misst und die Fallbeschleunigung mit der Gleichung

$$g = \frac{4\pi^2 \cdot l}{T^2}$$

berechnet. Bei einer solchen Bestimmung der Fallbeschleunigung hängt der Messfehler von der Genauigkeit der Längenmessung und der Genauigkeit der Zeitmessung ab, wobei der Fehler der Zeitmessung mit dem Faktor 2 eingeht. Beträgt der absolute Fehler der Längenmessung des Pendels Δl und der absolute Fehler der Messung der Schwingungsdauer ΔT, so ergibt sich als Fehler für die Fallbeschleunigung g:

$$\frac{\Delta g}{g} = \frac{\Delta l}{l} + 2 \cdot \frac{\Delta T}{T}$$

Bei $l = 70{,}0$ cm mit $\Delta l = \pm 1$ cm und $T = 1{,}64$ s mit $\Delta T = \pm 0{,}2$ s erhält man:

$$\frac{\Delta g}{g} = \frac{\pm 1 \text{ cm}}{70{,}0 \text{ cm}} + 2 \cdot \frac{\pm 0{,}2 \text{ s}}{1{,}64 \text{ s}}$$

$$\frac{\Delta g}{g} = \pm 0{,}26 \text{ oder } 26 \%$$

Eine andere Möglichkeit der Bestimmung der Fallbeschleunigung ist die über den freien Fall eines Körpers (Abb. 1), die nachfolgend ausführlich dargestellt ist. Genutzt werden dabei die Gesetze des freien Falles.
Für den freien Fall gilt:

$$s = \frac{g}{2}\, t^2$$

Damit kann der Wert für die Fallbeschleunigung experimentell bestimmt werden. Dazu wird die obige Gleichung nach der Fallbeschleunigung g umgestellt:

$$g = \frac{2s}{t^2}$$

Weg und Zeit für den freien Fall eines Körpers müssen gemessen werden. Um einen möglichst genauen Wert für g zu

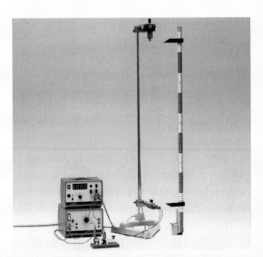

1 Experimentieranordnung zur Bestimmung der Fallbeschleunigung

erhalten, sollte die zu messende Fallzeit und damit der Fallweg nicht zu klein sein. Die Fallzeit wird mehrmals gemessen und anschließend ein Mittelwert berechnet. Die Auslösung des freien Falles erfolgt mit einem Magnetschalter, die Zeitmessung mit einer elektronischen Uhr (Abb. 1).

Durchführung:
Der Fallweg beträgt $s = 0{,}95$ m.

Messung Nr.	Zeit t in s
1	0,47
2	0,42
3	0,48
4	0,44
5	0,45
6	0,42
7	0,44
8	0,43
9	0,46
10	0,45

Auswertung:
Aus der Messreihe für die Zeit kann folgender Mittelwert berechnet werden:

$$\bar{t} = \frac{4{,}46 \text{ s}}{10} = 0{,}446 \text{ s}$$

Für die Fallbeschleunigung errechnet man damit:

$$g = \frac{2 \cdot 0{,}95 \text{ m}}{(0{,}46)^2 \cdot \text{s}^2}$$

$$g = 9{,}55 \, \frac{\text{m}}{\text{s}^2}$$

Der experimentell ermittelte Wert stimmt relativ gut mit dem Tabellenwert ($9{,}81$ m/s^2) überein.
Der Messwert ist brauchbar, wenn der in diesem Falle bekannte genaue Wert im Fehlerintervall liegt. Wir stellen nachfolgend die Überlegungen zur Messgenauigkeit und zum Fehlerintervall dar.

Vorbereitung:

Die Fallbeschleunigung wird nach $g = 2s/t^2$ bestimmt, also sind Fallweg und Fallzeit zu messen.

Die Messung des Fallweges erfolgt mit einem Lineal mit cm-Teilung.

Zu beachten ist auch, dass die Entfernung von der Unterkante des Körpers bis zum Kontakt gemessen wird. Dabei können Parallaxefehler auftreten. Insgesamt dominieren bei der Wegmessung die zufälligen Fehler. Eine Mehrfachmessung mit Mittelwertbildung wäre sinnvoll.

Die Fallzeit muss besonders genau gemessen werden, da ihr Fehler mit dem Faktor 2 eingeht. Die Genauigkeit der Zeitmessung ist bei der Experimentieranordnung nicht beeinflussbar und im Wesentlichen durch die Genauigkeitsklasse des Messgerätes bestimmt. Da aber beim Fall zufällige Einflüsse (z.B. Luftbewegung) auftreten können, ist eine Messreihe mit anschließender Mittelwertbildung zweckmäßig.

Durchführung:

Es ist besonders darauf zu achten, dass sich während aller Messungen der Zeit der eingestellte Fallweg nicht verändert. Treten offensichtliche „Ausreißer" auf, so kann man diese herausfallen lassen.

Auswertung:

Es können die Größtfehler bei der Messung von Fallweg und Fallzeit abgeschätzt und der Größtfehler der Fallbeschleunigung ermittelt werden.

Für den Fallweg ist der mögliche Ablesefehler entscheidend.

Bei einer cm-Teilung beträgt er:

$$\Delta s_{zuf.} = \pm 0,5 \text{ cm}$$

Nimmt man beim Lineal einen Gerätefehler von $\pm 1 \%$ an, dann bedeutet das

bei einer Messstrecke von ca. 1 m einen Fehler von:

$$\Delta s_{sys} = \pm 1 \text{ cm}$$

Der Größtfehler beträgt demzufolge:

$$\Delta s = \pm 1,5 \text{ cm}$$

Für die elektronische Zeitmessung ist die Genauigkeitsklasse des Messgerätes entscheidend. Sie beträgt 1,0 bei einem Messbereich von 1 s, also beträgt der absolute Fehler 0,01 s. Nimmt man bei dem auf Hundertstel genau anzeigenden Zeitmesser noch einen zufälligen Fehler von 0,01 s an, dann ist:

$$\Delta t = 0,02 \text{ s}$$

Aus $g = 2s/t^2$ erhält man nach den Regeln der Fehlerfortpflanzung für den absoluten Fehler der Erdbeschleunigung:

$$\frac{\Delta g}{g} = \frac{\Delta s}{s} + 2 \cdot \frac{\Delta t}{t}$$

Mit den auf S. 147 und oben genannten Werten ergibt sich:

$$\frac{\Delta g}{g} = \frac{\pm 1,5 \text{ cm}}{95 \text{ cm}} + 2 \cdot \frac{\pm 0,02 \text{ s}}{0,44 \text{ s}}$$

$$\frac{\Delta g}{g} = \pm 0,11$$

Der relative Fehler beträgt 11 %, der absolute Fehler $\pm 1,1 \text{ m/s}^2$.

Als Ergebnis könnte man angeben:

$$g = (9,55 \pm 1,1) \text{ m/s}^2$$

Anmerkung:

Bei den angegebenen Werten dominiert mit ca. 9 % der Fehler der Zeitmessung. Selbst bei Annahme eines Messfehlers bei der Zeitmessung von 0,01 s würde der relative Fehler von g immer noch 4,5 % oder $\pm 0,44 \text{ m/s}^2$ betragen. Auch dann würde der Tabellenwert im Fehlerintervall liegen.

Z